SAINT-SIMONIN

MÉMOIRES ANECDOTIQUES

Propos de Félix Faure

AVEC UNE INTRODUCTION ET DES NOTES

Cinquième édition

PARIS
SOCIÉTÉ D'ÉDITIONS LITTÉRAIRES ET ARTISTIQUES
LIBRAIRIE PAUL OLLENDORFF
50, CHAUSSÉE D'ANTIN, 50
—
1902
Tous droits de traduction et de reproduction réservés pour tous les pays,
y compris la Suède, la Norvège, la Hollande et le Danemark.

PROPOS DE FÉLIX FAURE

PROPOS DE FÉLIX FAURE

INTRODUCTION

L'Ami de M. Félix Faure dont nous publions les notes n'est pas un de ces « honorables amis » que la politique donne et reprend tour à tour. C'est un ami de jeunesse, un compagnon de plaisirs, un bourgeois de Paris dont la politique est une des moindres préoccupations. Ce qu'il a aimé dans M. Félix Faure, c'est l'homme, le vieux camarade dont la personne évoquait en lui quelques bons souvenirs des meilleures an-

<small>L'Auteur du Carnet.</small>

nées de sa vie. Ce vieux camarade s'était attaché à la République, en était devenu le ministre, le Président. L'Ami vit avec une grande satisfaction M. Félix Faure s'élever aussi haut. Mais il l'aurait tout autant aimé s'il avait été bonapartiste ou royaliste, ou même s'il n'avait eu aucune opinion. A cette amitié, la politique ni l'intérêt n'avaient aucune part. L'ami, dans la carrière qu'il avait suivie, ne s'était pas moins bien tiré d'affaire que M. Félix Faure dans la sienne. Les deux camarades avaient avancé chacun dans sa voie, sans jamais se heurter, sans jamais avoir besoin l'un de l'autre. Ils avaient fait presque en même temps chacun de son côté une belle fortune. Ils étaient constamment restés sur le même plan social ; jamais leur camaraderie n'avait été onéreuse pour l'un ni pour l'autre ; jamais ils ne s'étaient importunés. Dans leur familiarité, nulle gêne. Quand le Président Félix Faure voyait arriver vers cinq heures et demie ou six heures à l'Élysée son vieil Ami, il savait qu'il

Entretiens familiers.

n'allait pas entendre un solliciteur, que l'Ami n'allait pas profiter du tête à tête pour obtenir une faveur ou une promesse ; il savait que l'Ami venait pour le seul plaisir de le voir, de causer, « de dire des bêtises », comme il est écrit plusieurs fois dans le carnet sur lequel sont notés les *Propos de Félix Faure*.

Tels étant ses rapports avec son Ami, on comprend la liberté, le laisser-aller que le Président apportait dans ses conversations, dans ses monologues, car presque toujours, quand il était question de politique, il parlait seul, à peine interrompu çà et là par une question, par une réflexion. Ce n'est pas que l'Ami fût terrassé par la majesté présidentielle et qu'il en fût rendu muet. Bien loin de là. On se tutoyait, on riait joyeusement dans ces tête-à-tête. Mais l'ami est un homme de tact. Il se sentait toujours l'égal de son vieux camarade Félix Faure, et pourtant il ne méconnaissait pas que ce vieux camarade, depuis qu'il était à l'Élysée, était monté de quelques échelons au-dessus d'un simple particulier. Il lui accordait donc une attention, une déférence auxquelles il lui semblait que, malgré leur intimité cordiale, le Président avait droit. M. Félix Faure, qui s'était fait une haute idée de sa fonction et qui ne séparait pas la fonction présidentielle de la personne du Président, savait gré à son ami des nuances, sinon de respect, du moins de convenance que celui-ci, sans arrière-pensée, mettait dans leur familiarité.

En un mot, dans ces entrevues d'avant-dîner avec un compagnon de jeunesse, M. Félix Faure était à l'aise. Il était en confiance ; il s'abandonnait, touchant à toutes les questions sans les approfondir, mais sur toutes disant quelque mot frappant, formulant quelque appréciation digne d'être retenue. L'ami écoutait, heureux de faire plaisir au Président en se montrant attentif, certainement intéressé par cette conversation substantielle et peut-être aussi flatté de se voir le confident des pensées du chef de l'État.

Ce n'est pas seulement par déférence que l'Ami ne questionne pas. La conversation touche d'ordinaire à la politique, or c'est un sujet auquel il n'entend pas grand chose. Il n'a pas l'habitude d'en discuter. Le mieux qu'il ait à faire c'est de prêter l'oreille. Et M. Félix Faure, devant cet auditeur bienveillant et cordial dont l'attention n'est pas sans le flatter, parle d'abondance, avec complaisance; on dirait parfois qu'il s'écoute et qu'il se réjouit de produire sur son ami un si grand effet. Si le Président avait eu en face de lui un curieux, un questionneur, un homme qui ne se serait pas contenté de ses affirmations, qui lui aurait demandé d'expliquer ses allusions, qui aurait voulu connaître les pourquoi et les comment, il aurait ressenti de l'embarras, il se serait mis sur ses gardes, il se serait surveillé. Les *Propos* auraient alors été moins longs et peut-être plus tôt interrompus. Il est possible que nous y aurions gagné des éclaircissements plus complets sur deux ou trois faits encore imparfaitement connus de la politique contemporaine — l'affaire de Fashoda, par exemple; — mais les *Propos* y auraient certainement perdu cette variété, cette spontanéité, cette bonhomie qui en font le charme. Les entretiens avaient lieu ordinairement à la fin de la journée, à l'heure où le Président éprouvait le besoin de se détendre. Si l'ami avait discuté, avait voulu savoir ce qu'on ne lui disait pas, aller au fond des choses dont les monologues du Président effleuraient la surface, la conversation au lieu d'apporter un délassement aurait causé une fatigue et elle aurait été certainement moins suivie.

Simples propos. Il faut donc prendre les *Propos de Félix Faure* pour ce qu'ils sont. Ce ne sont pas des mémoires explicatifs ou justificatifs, écrits avec réflexion ou dictés à un secrétaire en vue d'éclairer ou d'aveugler l'histoire; ce ne sont pas des confessions; ce n'est pas un recueil de documents ni de déclarations officielles; ce ne sont que des *Propos* échappés dans l'abandon de l'intimité. Nous ne disons pas en les présentant au public : « Voici la vérité historique, absolue et complète ». Nous disons : « Voici comment sur tels et tels sujets, le Président Félix Faure parlant à un ami s'est un jour exprimé ».

Si nous avions à faire l'examen critique des *Propos*, nous ferions des réserves au moins sur l'un d'entre eux. L'affaire de Fashoda nous paraît avoir été présentée par M. Félix Faure, non pas telle qu'elle fut mais telle qu'il aurait voulu qu'elle eût été.

<small>Sur l'affaire de Fashoda.</small>

Cette affaire fût très pénible à l'amour-propre national. Placer des soldats dans un poste et les rappeler sur la demande d'une puissance rivale, ce n'est pas le fait d'une politique très maîtresse d'elle-même; si c'est un acte sage, ce n'est pas un de ces exploits que l'Imagerie d'Épinal puisse célébrer.

Plus qu'aucun autre Français, M. Félix Faure dut souffrir de cet échec au drapeau. Il avait la très louable ambition de laisser à sa présidence le renom d'un consulat brillant, et l'affaire de Fashoda venait en ternir l'éclat. Comme le Président le dit dans un des *Propos* : « Il avait eu le tzar à Paris, il avait fait le voyage de Russie, il recevrait toute l'Europe à l'Exposition en 1900 », et Fashoda était venu mettre une tache à ce soleil !

Il n'est donc pas étonnant qu'il ait cherché d'abord à se persuader à lui-même, ensuite à accréditer que l'affaire n'avait pas eu la gravité que le public trompé par les apparences lui avait attribuée. Parlant même à un ami très intime, Félix Faure n'a pas voulu lui dire : « Nous avons subi une humiliation ». Il s'est engagé dans des explications qui ne semblent pas absolument conformes à la vérité. Le commencement du *Pro-*

pos sur Fashoda a tout l'air d'un plaidoyer, non pour le Président seul mais pour le gouvernement tout entier. Il apparaît que M. Félix Faure aurait bien voulu que la mission du Nil eût gardé le caractère que M. Delcassé avait défini au conseil des ministres, le jour où on en parla pour la première fois ; mais près de quatre ans s'étaient écoulés depuis la tenue de ce conseil. D'autres ministres des colonies avaient passé au Pavillon de Flore. Les instructions de Marchand avaient pu et avaient dû être complétées ou même changées. Bien qu'on ne les connaisse pas encore dans leur teneur, il est à croire que ces instructions comportaient l'ordre d'occuper un point sur le Haut-Nil. Difficilement, on admettra que le capitaine Marchand ait pris sur lui de s'établir à poste fixe et de construire un fort dans des régions où nous devions nous attendre à heurter l'Angleterre.

Il est tout aussi difficile d'admettre que M. Félix Faure ait ignoré, lui, Président de la République, si jaloux de ses prérogatives, la consigne donnée en 1896, 1897 et 1898, au chef de la mission du Nil par le ministère des colonies, agissant d'accord avec le ministère des affaires étrangères.

Mais comme tout le mal vint précisément de ces derniers ordres envoyés à Marchand au moment de son départ ou dépêchés à lui en cours de route, M. Félix Faure, pour diminuer la portée de l'échec de la France, aime mieux s'en tenir au premier programme indiqué par M. Delcassé en 1894. Avec ce programme il n'y aurait pas eu d'humiliation à évacuer Fashoda puisque l'occupation de ce poste n'y était pas ordonnée.

Entre deux versions, la version complète qui montre notre pays dans une position au moins désagréable, et la version raccourcie qui nous est plus avantageuse, c'est celle-ci que M. Félix Faure voudrait à coup sûr voir répandue dans le monde; c'est celle-ci qu'il donne à son ami, assez longtemps sans doute après la fin de l'incident, car le *Propos* commence par cette phrase : « Pour la première fois, Félix Faure m'a parlé de l'affaire Fashoda ». Le confident indique implicitement par cette remarque que la conversation n'a pas eu lieu au moment de la crise, mais un certain temps après. On en peut conclure que ce sujet déplaisait à M. Félix Faure, qu'il n'aimait pas à l'aborder. Le jour où il y toucha, ce fût pour expliquer que nous n'avions pas subi une aussi grande avanie que les journaux de l'opposition essayaient de le faire croire, que la France n'avait pas cédé à un ultimatum, qu'elle n'avait pas reculé devant une menace. Qui pourrait reprocher au Président Félix Faure d'avoir cherché à atténuer la vérité sur un événement qui n'est certes pas honteux, mais qui n'est pas non plus glorieux et qu'il vaudrait mieux pour nous, tout compte fait, voir dans les annales d'un autre peuple que dans notre histoire ?

Si on met à part ce chapitre sur Fashoda, si plein de révélations, qui toutes

Révélations confirmées.

ont été confirmées, mais qui débute par une tentative évidente d'atténuer la vérité, en ce qu'elle avait de désobligeant pour la France, la sincérité des *Propos* n'est pas douteuse. A chaque instant, M. Félix Faure prononce des noms propres, met en scène tel ou tel homme vivant. Aucun de ces témoins n'a protesté contre le rôle qu'on lui attribuait. Au contraire, la plupart ont reconnu publiquement l'exactitude des dires du défunt Président. On trouvera en appendice les divers documents confirmatifs des *Propos*, on y trouvera aussi trois lettres rectificatives de messieurs Herbette, Goblet et Camille Dreyfus. Les deux premières ont trait à l'incident Schnœbelé qui s'est passé en 1887. M. Félix Faure qui n'était alors que député, a fait le récit de cet incident d'après des ouï-dire. Toujours préoccupé de grandir la Présidence de la République, il est explicable qu'il ait mis en lumière plutôt les services rendus par le Président Grévy que ceux dont la

M. Goblet injustement oublié.

France est certainement redevable à l'honorable M. Goblet, alors président du Conseil. Quant à la lettre de M. Herbette, elle n'infirme en rien l'authenticité des *Propos*. M. Félix Faure a dit : « Voilà comment on m'a raconté l'affaire Schnœbelé ». M. Herbette la raconte différemment. D'un côté, son témoignage s'appuie sur des souvenir personnels. D'un autre côté, le témoignage de M. Félix Faure n'a pas été démenti par le prince de Münster-Dernburg que les *Propos* mettent personnellement en cause.

*
* *

De tout ce qui a été écrit sur les *Propos de Félix Faure*, cinq lignes seulement auraient pu nous émouvoir. Les voici, telles que l'agence Havas les a communiquées aux journaux : « *La famille de M. Félix Faure ne peut voir qu'avec le plus grand regret l'usage qui est fait du nom de l'ancien Président de la République dans certaines communications*

<small>Une note de la famille de M. Felix Faure.</small>

livrées en ce moment à la presse. Elle les considère comme dénaturant sur beaucoup de points les pensées et les sentiments de M. Félix Faure. » Ces réserves formulées après le deuxième *Propos* n'ont pas été renouvelées. Malgré notre très grand respect pour les personnes qui ont cru devoir les publier, nous nous devons de les discuter.

Quels sentiments exprime donc M. Félix Faure dans ses entretiens avec son Ami ?

<small>Sentiments de M. Félix Faure.</small> Avant tout, il est bon patriote. Il se montre toujours préoccupé du bien, de la grandeur de la France. C'est parce qu'il la représente, qu'il s'applique avec tant de soin à faire bonne figure dans le monde.

Il est bon magistrat. Il aime sa fonction de Président. Il en aime les devoirs ; il s'en acquitte avec une exactitude scrupuleuse. Il voudrait que l'Elysée soit la maison commune des Français. Comme il croit qu'une présidence respectée et entourée d'un certain prestige serait utile à la République et à la France, il s'emploie de tous ses moyens à élever le Président au-dessus des partis, à suppléer par l'autorité morale à l'autorité légale qu'il n'a pas. Il voudrait laisser à son successeur une position bien consolidée.

Il est bon citoyen. A l'extérieur, il veut faire estimer la République en la présentant sous les beaux dehors de la France policée et aimable. A l'intérieur, il voudrait la faire aimer. Le ralliement n'a pas de plus chaud ni de plus sincère partisan. Il rêve d'une République qui utiliserait au service de la Patrie tous les Français utilisables, quels que soient leurs origines et leurs antécédents politiques. A ces nouveaux venus, il ne demanderait aucune amende honorable humiliante mais seulement une adhésion loyale à la Constitution.

Il est un homme bienveillant et juste. De ses ministres, des collaborateurs que la politique lui impose, dont tous, certainement ne sont pas à son gré, il ne dit jamais de mal. Il les loue ou, quand il ne veut pas le faire, il n'en parle pas. Il n'y a pas une médisance dans tous les *Propos*. Car on ne peut donner ce nom à l'histoire de M. le procureur général Quesnay de Beaurepaire voulant se battre en duel avec son frère, puisque M. Félix Faure ne nomme même pas le héros de cette ridicule incartade. M. Bourgeois, M. Méline, M. Ribot, M. Charles Dupuy, M. Delcassé, M. Paul Déroulède, M. Barthou, madame la duchesse d'Uzès, M. Jean Dupuy, M. Constans, M. Rouvier, sont tour à tour louangés dans les *Propos*.

<small>Un esprit positif.</small> M. Félix Faure est sans parti pris ; il semble que son caractère se soit élevé au niveau de sa haute fonction, qu'il soit véritablement un arbitre naturellement juste, sans effort sur soi-même.

Il est un homme pratique. Sur les grandes questions qui nous divisent, il s'exprime avec un robuste bon sens. Egalement éloigné des extrêmes, il ne croit pas plus au croquemitaine franc-maçon, qu'au croquemitaine jésuite ; il n'a pas peur de la prétendue conspiration juive, ni de la haine supposée de l'Europe contre nous. Non pas « esprit fort », mais esprit solide, les romans-feuilletons de la politique ne le troublent pas. Il n'est certes pas très brillant, mais il est réfléchi ; chez lui, les facultés s'équilibrent de manière à former un bon Français moyen. Il croit à ce qui est et non pas aux puissances invisibles qui travaillent à des besognes mystérieuses. Il n'a pas la manie de la persécution qui fait voir à certains républicains renfrognés un ennemi perfide dans tout nouveau venu, et qui montre à l'esprit obsédé du patriote ombrageux l'univers entier conjuré pour la ruine de la France. Au contraire, Félix Faure croit, parce qu'il est lui-même bienveillant et loyal, à la bienveillance et à la loyauté des autres. Homme politique positif, il ne se paie pas plus de mots dans les affaires publiques qu'il ne s'en payait dans ses affaires commerciales.

Les goûts de M. Félix Faure.

Trouve-t-on que dans les *Propos* il apparaît un peu glorieux, un peu pompeux, un peu plus majestueux qu'il conviendrait à un Président de République. Mais pouvait-il parler autrement qu'il agissait ? Il aimait la représentation, le faste. Allait-il avec son Ami qui connaissait ses goûts d'élégance, jouer au Spartiate, vanter les douceurs du brouet noir et du débraillé ? C'est bien alors qu'il eût été ridicule, car il eût été faux. Il était de ces républicains que Bugeaud définissait en 1848, de ceux qui ne veulent pas couper les habits pour en faire des vestes, mais qui veulent mettre des pans aux vestes pour en faire des habits. Tel il est, tel il parle. Même si on trouve excessif son souci de paraître bel homme et homme du monde, peut-on dire que la France ait souffert dans ses intérêts ou dans sa dignité des goûts fastueux du président Félix Faure ? Nous avons eu depuis trente ans des chefs d'Etat qui faisaient des économies ; on le leur a durement reproché.

M. Félix Faure pensait « qu'il se serait avili » en épargnant sur l'argent que la France mettait à sa disposition pour la représenter. Il ne se considérait pas comme un vieil employé qui a de gros appointements. Il avait une autre conception de sa magistrature. Si elle n'est pas la plus républicaine, selon certains républicains, elle n'est pas la moins française. Comment peut-on concilier le reproche qu'on a fait à l'un de ses prédécesseurs d'avoir été un Harpagon avec le reproche qu'on lui adresse à lui d'avoir trop aimé le luxe? Comment veut-on qu'agisse un président de République en France si des directions de conduite tout contraires attirent également le blâme? A celui-ci on disait : par votre sordide économie, vous rendez la République et la France la risée de l'Europe ; à celui-là on dit : par votre recherche d'élégance et votre train de maison coûteux, vous jouez au monarque et vous n'arrivez qu'à faire rire de vous et de la République. Comment deux chemins divergents peuvent-ils aboutir au même ridicule ?

Bon patriote, bon républicain, tolérant, accueillant, conciliant, ami de la concorde civile, dévoué à ses devoirs, juste envers ceux qu'il a vus à l'œuvre, homme de sang-froid et de raison, soucieux de ne pas paraître au-dessous de ses grands devoirs, de ne pas abaisser sa fonction, généreux avec son argent, tel apparaît le président Félix Faure dans ses *Propos*.

Parmi tous les sentiments qu'il exprime dans ses conversations familières en est-il un seul qui soit un sentiment bas, de l'expression duquel sa mémoire puisse avoir à souffrir ?

On a pu sourire, il est vrai, en lisant dans les *Propos* un ou deux membres de phrase tels que : « mes ministres » ou « je connaissais Nicolas. » La familiarité avec laquelle le Président parle de l'Empereur de Russie a surtout paru choquante. Pour qu'on n'eût rien à reprendre il aurait fallu que monsieur Félix Faure dît : « Nicolas II ». Le nombre après le nom et c'était correct; le nom sans le nombre, quelques-uns ont trouvé que c'était du plus pur bourgeois-gentilhomme, le trait caractéristique d'un tanneur gonflé de son importance, qui tutoie les seigneurs auxquels il prête de l'argent. Voilà bien des affaires pour un numéro oublié !

Il faut ne jamais perdre de vue que M. Félix Faure eut les conversations rapportées dans ce livre avec un ami de sa prime jeunesse, avec un camarade en compagnie de qui il avait tiré l'aviron sur la Seine et mangé des fritures à Asnières. Il n'est pas fâché de faire parade, devant son ami, de ses belles relations, il ne se défend pas toujours du désir d'éblouir son complaisant auditeur. C'est là un petit travers de son caractère : heureux d'être monté jusqu'à la position dominante qu'il occupe, il a parfois des accès de gloriole. Rares, passagers et avec lesquels viennent souvent contraster des jugements empreints de la plus noble simplicité, que M. Félix Faure porte sur lui-même.

<small>Noble simplicité.</small> Explique-t-il comment il est devenu Président de la République, il dit qu'il n'était pas connu en France, qu'il était totalement inconnu à l'étranger, qu'il n'était pas précédé par le prestige d'un grand nom ni de grandes actions, que rien ne l'imposait ; qu'il était seulement estimé de ses collègues, qu'il n'avait pas d'ennemis parce que son naturel l'avait toujours porté à être aimable. Il conclut que s'il a été élu, c'est qu'il a eu beaucoup de chance : il ne porte pas son élévation au compte de son seul mérite.

L'homme qui parle ainsi de lui-même est-il le Présomptueux, le Gaudissart boursouflé et satisfait dont ses adversaires ont voulu représenter la caricature comme un portrait fidèle ?

Et l'auteur du carnet en notant les contrastes que l'on relève dans les

Propos n'a-t-il pas donné la mesure de sa scrupuleuse véracité?

*
* *

Quand ou aura lu le compte rendu des entretiens où le Président Félix Faure s'épanchait avec tant de sincérité, on se demandera si dans les derniers temps de sa vie, il n'avait pas été visité par quelques mauvais génie. La question se pose ainsi : n'avait-il pas conçu quelque dessein contraire aux lois? Dès ses débuts à l'Elysée on le voit hanté par l'idée de fortifier le pouvoir exécutif. Il se trouve au milieu d'un grand apparat et sans puissance.

<small>M. Félix Faure et les plébiscitaires.</small>

Le contraste entre le décor où « figure » le Président et la nullité du pouvoir présidentiel lui semble absurde. Il voudrait plus d'autorité, plus de liberté. « Vienne une crise sociale ou une crise nationale, dit-il à son « ami » et on sera bien heureux peut-être de trouver dans le Président une force personnelle, capable d'agir par elle-même. » Il ne se borne pas à un vœu platonique en faveur de la consolidation de son pouvoir, il se livre à des démarches auprès des grands distributeurs de la popularité. Il voit en particulier le Directeur du *Petit Parisien;* il lui demande de rendre familier à ses millions de lecteurs, le nom du Président, il lui demande de parler souvent du Président, de l'aider à conquérir une autorité dont « tout le monde pourra se trouver bien. »

Avait-il une arrière pensée en tenant ce langage, en « intriguant » (le mot est de lui) auprès de M. Jean Dupuy pour obtenir le concours du *Petit Parisien*? Nous n'en savons rien. Nous savons pourtant qu'on lui avait conseillé de faire quelque chose que la loi n'avait pas prévu. M. Déroulède a écrit dans le *Drapeau* à la date du 6 juillet 1901 : « *Quand je conseillais au très regretté président Félix Faure de saisir le pays par voie de message* OU TOUT AUTREMENT *du grand problème constitutionnel, je lui demandais de poser au corps électoral cette simple question : le peuple veut-il que le Président de la République soit élu par suffrage restreint ou par Plébiscite.* »

Ainsi le témoignage d'un homme dont la bonne foi est généralement reconnue, nous apprend que Félix Faure avait été sollicité, lui aussi, de « sortir de la légalité pour rentrer dans le droit. » Avait-il donné son adhésion à ces funestes conseils ? Songeait-il à les exécuter, à inaugurer en France le régime misérable des pronunciamientos ? Lui seul qui pourrait le dire ne le dira jamais. Tout ce qu'on sait par l'aveu de M. Déroulède, c'est que M. Félix Faure avait été tenté ; tout ce qu'on peut inférer et de ses propres *Propos* et de sa préoccupation constante d'acquérir une popularité personnelle, et de sa démarche auprès de M. Jean Dupuy, c'est qu'il n'avait pas repoussé avec indignation le tentateur, c'est qu'il lui avait laissé développer à l'Élysée, chez le gardien de la Constitution, un plan de renversement de la Constitution, c'est qu'il avait médité sur ces suggestions, c'est qu'il s'était dit que peut-être le moment viendrait — « crise sociale ou crise nationale » — où le bien public lui commanderait d'agir en dehors des lois et contre les lois.

Ce ne sont là que des conjectures auxquelles certains *Propos* ambigus et l'aveu de M. Déroulède, donnent une certaine vraisemblance. D'autre part l'honnêteté du président Faure, la résolution qu'il avait prise, et dont il parle souvent de ne pas se représenter aux suffrages du congrès à la fin de son septennat, font douter qu'il ait jamais sérieusement pensé à se jeter dans l'aventure désastreuse d'un coup d'État ; car l'appel direct du Président à la nation aurait été un coup d'État.

Quoiqu'il en soit, le fait qu'il aurait pu un seul instant croire exécutable, le projet de M. Déroulède, mettrait une ombre sur la vie politique du président Faure. Heureusement que cette ombre n'est pas trop apparente. Pour la voir, il faut regarder de bien près et quand on a bien regardé, on n'est pas sûr de n'être pas le jouet d'un mirage.

*
* *

Quelques journaux, pour les besoins de leur polémique, ont avancé que les *Propos de Félix Faure* étaient une publication « inspirée » en vue de servir telle ou telle cause.

Ainsi quand le chapitre sur « Fashoda » eût paru dans le *Figaro*, le *Drapeau* reconnut avec certitude « l'inspiration du quai d'Orsay ». Le *Gaulois* fit la même découverte. Mais M. Arthur Meyer, encore plus clairvoyant que M. Maurice Barrès, s'aperçut que les *Propos* avaient pour but non seulement de « dégager la responsabilité de M. Delcassé » mais encore de « hisser sur un piédestal MM. Mesureur et Camille Pelletan ! »

Ces deux critiques, MM. Maurice Barrès et Arthur Meyer, regretteront,

<small>Sincérité des Propos.</small>

nous l'espérons, la témérité de leur jugement hâtif. S'ils ne reconnaissent pas l'erreur dans laquelle ils sont tombés, la collection de leurs propres journaux suffira à les réfuter.

M. Félix Faure, s'étant exprimé sur le compte de M. Déroulède dans des termes très élogieux, le *Drapeau* reproduisit avec une satisfaction non dissimulée ce jugement du défunt Président.

Dans un autre *Propos*, M. Félix Faure avait rendu au caractère de madame la duchesse d'Uzès, un juste hommage. Le *Gaulois* eut la bonne grâce de consacrer à la reproduction du paragraphe concernant madame la duchesse d'Uzès une demi-colonne entière. Comment une publication « inspirée par le quai d'Orsay » ou ayant pour but la glorification de MM. Mesureur et Camille Pelletan, comment une publication dans laquelle MM. Barrès et Arthur Meyer avaient reconnu ces tendances détestables à leurs yeux, a-t-elle pu contenir un éloge de madame la duchesse d'Uzès et de M. Déroulède? Comment le *Drapeau* et le *Gaulois* ont-ils accepté pour leurs amis des éloges provenant d'une bouche aussi impure? Comment le même « inspirateur » a-t-il pu « inspirer » des louanges à des hommes aussi éloignés les uns des autres, aussi hostiles les uns aux autres que le sont MM. Paul Déroulède et Camille Pelletan?

Mais madame la duchesse d'Uzès, MM. Mesureur, Pelletan, Déroulède, ne sont pas les seuls personnages dont il soit question dans les *Propos.* Tour à tour, MM. Méline, Bourgeois, Ribot, Lockroy, Marinoni, Judet, Charles Dupuy, Jean Dupuy, de Montebello, Alphonse Humbert, et beaucoup d'autres sont de la part de M. Félix Faure l'objet d'appréciations élogieuses.

Pourquoi la publication des *Propos* aurait-elle pour « inspirateurs » le « quai d'Orsay », et MM. Mesureur et Pelletan, plutôt que M. Méline, ou M. Ribot ou M. Bourgeois. Pourquoi, puisque nul n'a pu se plaindre des opinions exprimées à son égard par M. Félix Faure, tous n'auraient-ils pas été, au même titre les uns que les autres, les « inspirateurs » d'une publication où justice est également rendue au caractère ou au talent de chacun ?

Quand on peut attribuer au même ouvrage tant d'inspirateurs, de sentiments et d'intérêts contraires, c'est que véritablement l'inspiration étrangère a totalement manqué ; avoir tant d'inspirateurs, c'est n'en avoir aucun ; ou du moins n'en avoir qu'un seul qui s'appelle « la Bonne Foi ».

On nous a communiqué des *Propos de M. Félix Faure* tenus dans l'intimité, nous les avons publiés tels que nous les avons reçus, sans nous permettre de leur faire subir aucune altération.

La dernière journée de M. Félix Faure.

Pourtant le carnet de l'Ami de M. Félix Faure contient à la suite des *Propos*, sur les causes de la mort du Président, des conjectures que nous n'avons pas cru devoir publier en un chapitre spécial. Nous allons examiner ici ces conjectures.

On connaît bien l'emploi du temps de M. Félix Faure pendant les instants qui précédèrent l'attaque du mal auquel il devait succomber.

Vers quatre heures, le Président reçut la visite de Son Éminence le cardinal Richard, archevêque de Paris. Ensuite, tout près de quatre heures et demie, arriva le Prince de Monaco. Le Prince venait de Berlin. D'après ce que l'on croit, il s'y était rendu beaucoup pour son propre compte afin d'obtenir de l'Empereur d'Allemagne des éclaircissements sur l'Affaire Dreyfus, et un peu pour le compte du Président Faure qui, toujours préoccupé de donner un grand éclat à l'Exposition de 1900, avait désiré pressentir Guillaume II sur l'accueil qu'il ferait à une invitation du gouvernement français. Le Prince de Monaco avait, selon toutes probabilités, commencé par rendre compte de la mission dont il avait bien voulu se charger, puis il avait fait tourner la conversation sur le sujet qui lui tenait au cœur, sur l'affaire Dreyfus.

<small>Le Président et le prince de Monaco.</small>

Le Président commença aussitôt à marquer de l'impatience; il se remuait sur sa chaise, déplaçait les objets posés sur son bureau, interrompait. Tout à coup il se leva et se mit à marcher de long en large : « C'est impossible, disait-il, comment me dit-on de telles choses ?... Tous les généraux français pensent et parlent autrement... Le général Mercier... Je ne peux pas vous entendre... » Le Prince de Monaco s'était levé en même temps que le Président. Il le regardait en silence, frappé de surprise. Comment cet homme de si bonne compagnie, toujours si gracieux, si désireux de plaire, pouvait-il se livrer à un manège aussi insolite, laisser voir une agitation, une irritation qui contrastaient si vivement avec sa politesse habituelle?

<small>Emotion de M. Félix Faure.</small>

M. Félix Faure ne cessait pas de marcher la face congestionnée, relevant la tête par brusques saccades, répétant les mêmes phrases : « Je ne peux pas... Comment me dit-on de telles choses?... Le général Mercier... Les généraux... », et semblant penser tout haut, plutôt que parler à son visiteur. Tout à coup, comme il se trouvait près de la porte, par un mouvement machinal il l'ouvrit. Aussitôt le Prince de Monaco se dirigea vers cette porte en disant : « J'ai l'honneur de prendre congé de vous, monsieur le Président. » Subitement, M. Félix Faure se calma, se ressaisit. Prenant les mains du Prince, il lui dit : « Vous partez déjà, mais vous reviendrez, bientôt, n'est-ce pas ? » Et comme ayant conscience et regret d'avoir, pour la première fois peut-être, manqué de correction, il accompagna le prince de Monaco jusqu'à la porte du deuxième salon.

Sorti de l'Élysée, le Prince raconta la scène à ses intimes : « J'ai trouvé le Président un peu étrange, il m'a paru malade, il a mis fin à notre entretien avec une brusquerie bien étonnante de sa part. Après m'avoir laissé voir qu'il n'était pas bien maître de lui, il a voulu effacer cette mauvaise impression. Il m'a reconduit beaucoup plus loin qu'il ne le devait. J'ai cru qu'il allait venir jusqu'à ma voiture... C'est extraordinaire. »

Ce récit, nous ne le tenons pas du Prince de Monaco. Il nous a été fait par plusieurs personnes qui l'avaient entendu de la bouche d'un confident du Prince. Il est donc possible que, comme toutes les traditions orales, il ait été plus ou moins altéré. Mais le fond en est certainement exact. Quels que soient les détails de l'entrevue, le Prince trouva le Président « étrange », si « extraordinaire », si différent de lui-même qu'il le crut « malade ».

<small>Mort de M. Félix Faure.</small> Après avoir pris congé de son visiteur, M. Félix Faure était rentré dans son cabinet. Bientôt après la Mort l'y rejoignit.

L'Ami, dit que le Président a été empoisonné. Il dit que le poison employé a été le cyanure de potassium; il dit que le cyanure a pu être administré au Président dans un cigare; il dit que son explication de la catastrophe est admise comme la seule vraie par tous ceux qui entouraient M. Félix Faure; il dit que si on n'a pu prendre de photographie du Président sur le lit de parade, c'est parce que le visage était contracté et que certains chimistes ont reconnu la contraction révélatrice de l'empoisonnement par le cyanure de potassium.

Discutons ces assertions. Le Président Faure était un grand fumeur. Mais il était entouré d'hommes d'un dévouement absolu et d'une honorabilité au-dessus du moindre soupçon. L'empoisonnement par un cigare imprégné de cyanure de potassium n'aurait donc pas pu être préparé à l'Élysée. Le cigare assassin aurait dû être apporté du dehors, dans l'après-midi, offert au Président par un visiteur ou déposé sur sa table; il aurait fallu en outre que ce cigare perfidement mis à portée de sa main, eût la la même apparence que ceux qu'il fumait d'habitude;

L'hypothèse du poison.

voilà bien des conditions difficiles à remplir. Cependant s'il était entré chez le Président le jour de sa mort quelqu'un sur qui un doute put se fixer, la supposition du cigare, tout au demeurant invraisemblable, serait au moins défendable. Mais les deux visiteurs reçus ce jour là sont le cardinal Richard et le Prince de Monaco! Par conséquent l'hypothèse du cigare cyanuré s'écroule puisqu'on ne trouve personne que l'on puisse, sans tomber dans le ridicule, soupçonner de l'avoir apporté. Il y a en dehors de cette raison morale des raisons de fait pour rejeter l'explication de la catastrophe du 13 février 1899 telle que que la donne, dans une note de son carnet, l'ami du Président. Le cyanure de potassium est un composé salin d'acide cyanhydrique ou prussique. Il dégage une forte odeur d'amande amère. Un cigare imbibé dans une solution de cet acide ne sentirait plus le tabac et aurait un goût très désagréable; on le rejetterait sur son odeur ou au premier contact avec les lèvres, avant que le poison n'ait pu opérer son action. Si on persiste à soutenir, contre la vraisemblance, qu'un assassin inconnu ait fait parvenir au Président Faure un cigare empoisonné, que le Président ait mis ce cigare dans sa bouche et qu'il ait été foudroyé, les amis du Président qui se sont portés à son secours, quand le mal s'est déclaré, auraient vu ce cigare à peine entamé, dégageant un parfum anormal, très pénétrant. Or, personne n'a dit qu'on ait trouvé un tel cigare dans le cabinet présidentiel.

La légende du cigare cyanuré doit donc être reléguée au nombre des fables. Si M. Félix Faure a été empoisonné par du cyanure de potassium, il faut qu'il en ait bu une solution. Mais qui la lui aurait versée ? Où est le verre dans lequel il aurait bu ? Qui a vu ce verre ? Il y aurait eu encore un autre moyen de causer cette mort si rapide, c'eût été de mettre du cyanure en contact avec une écorchure.

Aussitôt ce poison se serait répandu dans l'organisme. Mais M. Félix Faure n'avait pas aux mains, que l'on sache, de lésion, et s'il en avait une, comment, par l'artifice de qui aurait-il mis cette main blessée en contact avec de l'acide cyanhydrique? Quant aux contractions du visage constatées après la mort, à quel signe aurait-on reconnu qu'elles provenaient d'une hémorrhagie cérébrale provoquée pas un ,poison plutôt que d'une hémorrhagie spontanée? Quand le sang se répand dans une partie du cerveau, la partie du corps correspondant aux lobes envahis se trouve privée de l'usage de ses nerfs moteurs et sensibles ; il peut en résulter une paralysie plus ou moins localisée. Un poison peut déterminer une hémorrhagie cérébrale ; mais une fois que cette hémorrhagie s'est produite elle se révèle par les mêmes apparences de paralysie qu'une hémorrhagie spontanée. Donc les contractions observées sur le visage du malheureux Président et qui n'ont pas permis de le photographier, ne suffisent pas à prouver qu'il ait été empoisonné.

De quelque côté qu'on se retourne l'hypothèse présentée par l'Ami du Président est invraisemblable. Mais ce n'est pas tout : un des signes révélateurs de la présence de l'acide cyanhydrique dans un corps, est « l'odeur d'amande amère qui s'exhale de toutes ses parties » (Tardieu. *Etudes sur l'empoisonnement*). A-t-on constaté cette odeur auprès du corps de M. Félix Faure? Non.

Enfin, l'acide cyanhydrique et son dérivé le cyanure de potassium sont des poisons « foudroyants ». Le premier tue en quelques minutes, dit-on — quinze, au plus — (Tardieu) ; le second en trois quarts d'heure, au plus (Tardieu).

Or, on disputa pendant près de deux heures M. Félix Faure à la mort. C'est vers six heures qu'il perdit connaissance et c'est après huit heures qu'il expira.

Tout vient donc contredire l'hypothèse de l'empoisonnement. C'est pourquoi, désirant la discuter, pour tuer, si c'est possible, une légende en voie de formation, nous n'avons pas voulu la publier en un chapitre spécial.

<small>Mort naturelle.</small> Il nous semble à nous que la mort de M. Félix Faure a été une mort parfaitement naturelle. Le Président était très sanguin ; son visage coloré, son encolure un peu épaissie montraient des prédispositions à l'apoplexie ; il se fatiguait beaucoup pour faire face aux multiples obligations de sa charge. Enfin il abusait du tabac, fumant sans cesse, depuis son réveil jusqu'à son coucher — excepté pendant les heures de représentation — soit la pipe, soit des cigares très forts, très chargés de nicotine. On sait que l'abus du tabac peut à la longue exercer sur les fonctions du cœur la plus mauvaise influence.

Dans l'état physique où il se trouvait est-il téméraire de croire que le Président, déjà indisposé, mal à son aise, ait été secoué par la contrariété qu'il éprouvait d'avoir manqué, vis-à-vis du Prince de Monaco, à cette correction protocolaire à laquelle il attachait tant de prix. Rentré dans son cabinet, M. Félix Faure, qui venait d'être très surexcité, a pu éprouver l'effet d'une réaction, tomber en somnolence; puis une congestion au cerveau se sera produite; telle est l'explication qui nous paraît la plus vraie par ce qu'elle est la plus simple, de sa fin si soudaine et si déplorable.

Tardieu, dans l'ouvrage déjà cité, s'exprime ainsi : « Il n'est pas toujours facile de différencer l'empoisonnement par l'acide cyanhydrique de certaines maladies spontanées à marche rapide, de certaines morts subites qui se produisent d'une manière naturelle, telles que les diverses apoplexies, etc... »

Nous resterons sur ce mot : « l'apoplexie, maladie spontanée à marche rapide. » C'est cette mort naturelle et non pas une mort romanesque, une mort de roman-feuilleton qui enleva à la République le plus populaire de ses Présidents.

I

LE ROLE DU PRÉSIDENT

... Aujourd'hui, à cinq heures, j'ai vu le président. Je l'ai trouvé très agacé.

— Te douterais-tu que Planquette n'est pas décoré? Planquette l'auteur des *Cloches de Corneville* et de la *Marche de Sambre-et-Meuse!* Cette marche, tous les régiments la jouaient à Châlons devant le Tsar. Elle est aussi populaire que *la Marseillaise*, et l'auteur n'en est pas décoré! Un de ses amis est venu me le dire l'autre jour. Comme j'ai pour principe de ne jamais rien demander aux ministres, j'ai fait seulement tâter le terrain aux beaux-arts. Il n'y a plus là une croix disponible, et moi non plus je n'en ai pas. Vraiment il est absurde de mettre le Président de la République hors d'état de faire une politesse et de réparer une erreur ou un oubli, ou une injustice. Je ne dis pas cela seulement pour Planquette qui aura sa croix dans six mois, s'il ne l'a pas cette fois-ci. Je le dis en général, pour le principe.

« Les républicains devraient comprendre que la République a besoin que son Président ait de l'autorité personnelle, soit populaire, qu'il s'appuie sur une force d'opinion. Si on ne lui donne pas de pouvoir, qu'au moins on le mette en mesure de faire autant de gracieusetés qu'il le jugera nécessaire. On gouverne par des amabilités. Mais quelle considération veux-tu qu'on ait pour un pauvre diable de chef d'État qui n'a pas même un bout de ruban rouge à donner sans le contrôle d'un ministère, qui doit descendre à solliciter ses ministres? On ne respecte pas l'impuissance, et l'impuissance du Président de la République est trop visible. Heureusement que je suis en position de réagir contre les traditions qu'on a laissées s'établir ici. Mes prédécesseurs n'auraient pas pu faire ce qui m'est possible.

» Le pauvre Carnot était en proie à d'affreuses souffrances. Il avait une occlusion intestinale, mal horrible que les chirurgiens se préparaient à combattre par une opération aussi dangereuse que douloureuse. Cette opération devait avoir lieu aussitôt que Carnot aurait quitté l'Élysée, car il ne voulait pas être réélu, tu le sais comme tout le monde. Torturé sans répit par son mal, l'infortuné Président se trouvait à peine assez de force pour se plier aux corvées de sa fonction. Il figurait tristement. Comment aurait-il pu entreprendre d'augmenter l'influence présidentielle ? Il se contentait d'être respecté ; il n'avait pas les qualités nécessaires, malgré son grand nom républicain, pour gagner la popularité, pour entrer dans la familiarité des masses.

» Contre M. Casimir-Perier, avec son grand nom d'aristocratie bourgeoise et réactionnaire, et avec sa timidité qu'on prenait pour de la hauteur, il était facile d'exciter les envies et les défiances démocratiques. Par conséquent, toute tentative de sa part pour rehausser le prestige de la présidence eût prêté à la calomnie. On l'aurait accusé de viser à la dictature. Ajoute que Casimir-Perier était arrivé à l'Élysée comme un Président de combat. Carnot, qui désirait l'avoir pour successeur, lui avait persuadé qu'il devait quitter la présidence de la Chambre pour devenir président du Conseil.

» Mais dans le poste de président du Conseil on soulève naturellement contre soi de féroces animosités. Casimir-Perier arriva à la présidence escorté de haines qui devaient lui rendre toute action personnelle impossible. D'ailleurs il s'est dégoûté trop tôt. Il est parti avant d'avoir rien tenté. Je suis, moi, dans de tout autres conditions. Mon nom ne disait rien à personne. C'était seulement celui d'un bon républicain qui n'avait jamais eu de défaillance, et qui pourtant avait su garder son indépendance même devant son parti. — Ainsi, je n'ai pas voté la loi d'exil contre les princes. — Il ne pouvait donc pas y avoir, contre moi, d'animosité, préconçue, d'aucun côté. Dans les places que j'avais occupées, je n'avais jamais eu à tenir un rôle militant. Aux colonies, à la marine, on ne se fait pas d'ennemis. On est à peine discuté. J'étais donc dans de bonnes conditions pour remplir les fonctions de Président de la République, qui sont celles non pas d'un chef de groupe, mais d'un arbitre entre tous les groupes.

L'Élysée doit être la maison commune de la République, où tous ceux qui acceptent la République doivent avoir en quelque sorte leur couvert mis. J'étais préparé à tenir cette maison, j'ai réussi.

» Pour arriver à influencer ce monde politique où l'autorité présidentielle était nulle, j'ai désiré et j'ai trouvé facilement une grande popularité personnelle dans la nation. Je dois cette popularité à ce fait que je ne suis pas un sectaire, que mes opinions et mes actes ont toujours été ceux d'un homme modéré, qui ne poursuit pas de chimères. Le peuple a vu avec plaisir que je m'intéressais aux soldats, que je portais la cocarde au chapeau ; on m'a trouvé de bonne humeur et je n'y ai aucun mérite, car la bonne humeur vient de la bonne santé. J'ai un estomac de fer, comme tu le sais. Enfin, j'ai comme personne la mémoire des figures et des noms. Amène-moi un homme que je n'aurai vu qu'une fois, il y a dix ans, je le reconnaîtrai. C'est avec ces riens que je suis devenu populaire, que j'ai gagné une force qui me permet, sans me découvrir, sans sortir de la loi, d'influencer la politique. Dans les Chambres, l'Élysée n'est plus considéré comme un salon où trône un figurant négligeable. Hanotaux ne se permettrait pas avec moi ce qu'il a osé avec Perier : refuser de communiquer au Président les dépêches des ambassadeurs. Et cette inconvenance dura jusqu'à ce que Dupuy, informé par hasard, y mît bon ordre.

» Cette autorité qui m'est venue sans que je me livrasse à de grandes manœuvres pour m'en saisir, rien qu'en faisant mon devoir et par la façon dont je l'ai rempli, on sera peut-être bien heureux de la trouver un jour. Vienne une crise nationale ou une crise sociale, et le salut public sera peut-être dans une intervention directe du Président auprès de la nation.

» Et voilà pourquoi, conclut Félix Faure revenant au point de départ de cette longue causerie, je veux à l'avenir avoir toujours une provision de croix suffisante pour pouvoir décorer un Planquette quand on m'en signalera un. »

*
* *

... Le Président m'a dit qu'il ne serait pas candidat à la prochaine élection présidentielle.

— Je ferai mes sept ans. Mais je ne veux pas renouveler le bail. On n'a pas deux présidences comme la mienne. Elle marquera le point culminant du régime. J'ai eu le voyage de Russie, j'ai eu la visite du Tsar. J'aurai l'Exposition. Que veux-tu que je souhaite de plus? Après l'Exposition, je prévois même que les temps deviendront durs. Il y aura à recevoir plus de coups que d'ovations. La poussée socialiste sera formidable. Je n'envie pas mon successeur, et c'est pourquoi je ne voudrais pas me succéder à moi-même. Je m'en irai en 1902, après l'apothéose de l'Exposition qui sera l'apothéose de la République.

Tu verras ce que ce sera. Jamais Paris n'aura vu un pareil spectacle. Nous aurons tous les souverains de l'Europe. Tu comprends qu'aucun d'eux ne pourra être plus difficile que le Tsar. Or le Tsar viendra, j'en ai l'assurance; non pas seulement une assurance officielle et diplomatique, mais une assurance personnelle : c'est une promesse d'homme à homme qui sera tenue. Quand l'empereur de Russie aura ouvert la marche, tous les autres suivront. En 1900, la République sera traitée comme la digne fille de la France. La dédaigneuse quarantaine sera finie.

Je demandai au Président où il logerait tous ces visiteurs.

— Là, répondit-il, à côté de moi. Chancel (l'architecte de l'Élysée) a fait les plans d'un petit palais qui sera construit en bordure de la rue de l'Élysée, sur une partie du jardin. J'aurai ainsi nos hôtes sous la main. Ils seront plus chez nous à côté du Président de la République, dans un palais bâti pour eux, qu'ils ne le seraient dans un garni que nous aurions loué ou dans leurs ambassades. Il faudra de l'argent, — trois millions, dit Chancel : la Chambre les donnera. On ne lésinera pas pour l'Exposition. Ces millions-là rapporteront de fameux intérêts.

— Mais, tu dis, repris-je, qu'ils viendront tous. Veux-tu dire qu'il n'y aura pas d'exception ?

— Je vois à qui tu penses. Eh bien, il viendra. Pourquoi pas ? La France a trop de tact pour ne pas comprendre. En

d'autres temps on aurait pu craindre que
certaine partie ardente et turbulente de
la population ne fût émue d'une pareille
visite. Mais ces éléments généreux, je les
tiens. Voyons, je suis un des fondateurs
de la Ligue des patriotes. J'en ai été le
premier vice-président. Déroulède, pour
qui j'ai autant d'affection que d'estime,
sait bien que je ne ferai rien qui soit contraire à la dignité nationale. Il viendra :
il est bon qu'il connaisse la France
autrement que par les rapports de ses
agents et par les caricatures qu'en font
les journaux. La France et la République
ne craignent pas d'être vues de près par
les gens les moins bienveillants. Quand
la République aura reçu tous ces hommages, sous ma présidence, que me restera-t-il à désirer? L'avenir ne pourra

pas être plus beau que le passé. J'irai vivre dans mes souvenirs.

*
* *

... Félix Faure est revenu aujourd'hui sur sa résolution de se retirer après la fin de son septennat. La conversation s'était engagée sur la surveillance à laquelle le Président n'échappe jamais. Nous nous promenions dans le jardin et un officier d'ordonnance nous suivait à quelque distance. J'en fis la remarque.

— Ce n'est rien encore, dit Félix Faure, que d'être gardé à vue dans le palais ; ce qui est plus désagréable, c'est la persécution des agents au dehors.

Une seule fois, tu m'entends, une seule fois, je suis sorti sans être vu. Ç'a été un affolement. On téléphona au préfet de police. Puybaraud dut mobiliser toutes ses réserves. On alla chercher le ministre de l'Intérieur. On aurait dit que j'étais une petite princesse en danger d'être enlevée. Rien n'est agaçant comme de sentir toujours sur soi des yeux braqués, de ne pouvoir faire une démarche qui ne soit connue, un pas qui ne soit compté.

Casimir-Perier ne pouvait pas s'accommoder de cette surveillance protectrice et assommante de la police. Bien qu'elle fût nécessaire dans la crise d'anarchisme qui suivit la mort de Carnot, il y voyait un intolérable attentat à sa liberté individuelle. L'agacement qu'il en ressentit ne fut probablement pas étranger à sa démission. Je ne dis pas qu'il n'a pas eu d'autres raisons graves de s'en aller. Il se voyait si impuissant et si injustement méconnu qu'il avait de quoi détester l'Elysée. Mais il était excédé de ne pouvoir jamais être seul. Moi, je me résigne philosophiquement à cet inconvénient du métier. Casimir-Perier est un enfant gâté. La vie lui a été trop facile. Il n'a pas connu les luttes, les déboires, les inquiétudes d'un « self-made man ». Ce qui pour moi n'est qu'une contrariété lui apparaissait comme une monstruosité. Il s'irritait, s'enrageait contre l'inévitable.

Malgré tout son courage, c'est un homme qui manque d'estomac. Il l'a bien prouvé en s'en allant dans une tourmente d'outrages immérités. Moi aussi j'ai passé, tu le sais, par une semblable épreuve. On m'aurait alors coupé la main plutôt que de me faire donner ma démission. Plus on m'attaquait, plus on fortifiait ma résolution de résister jusqu'au bout de mes sept ans. Ma patience a été récompensée, la bourrasque a passé. Jamais un Président n'a été plus tranquille que je ne le suis. Quand je partirai, en 1902, après l'Exposition, on verra bien que c'est de mon plein gré. Je rentrerai chez moi, où je retrouverai les quatre-vingt-dix mille francs de rente que j'avais en entrant ici, et que je n'aurai ni écornés ni augmentés. Car je ne fais pas un sou d'économie. Je croirais m'avilir en achetant des maisons avec l'argent que me donne la France pour la représenter. Je dépense tout. Mais je ne suis pas aussi riche que Casimir-Perier qui, lui, dépensait au delà de sa dotation... (1)

(1) Voir l'appendice A.

II

FASHODA

... Pour la première fois, Félix Faure m'a parlé de l'affaire de Fashoda :

— Pendant quelques semaines j'ai bien cru que nous allions avoir à soutenir une guerre terrible, non pas pour Fashoda à proprement parler, mais à cause de la perturbation que l'exploration Marchand avait jetée dans les rapports entre la France et l'Angleterre.

« Nous n'aurions pas fait la guerre

pour Fashoda, parce que notre intention n'avait jamais été d'occuper définitivement ce point, ni aucun autre, dans la vallée du haut Nil. Un poste placé si loin eût été trop éloigné de toute base de ravitaillement, trop en l'air; il aurait été pour nous une cause permanente d'inquiétude. Je n'étais pas au conseil des ministres le jour où fut décidée la mise en route d'une mission vers le Nil. Mais je me suis fait expliquer pourquoi et comment cette mission avait été organisée. C'était sous un des précédents ministères de Ch. Dupuy. Delcassé était aux colonies. Un jour, il communiqua au Conseil la décision qu'il avait prise de faire continuer vers l'Est, à travers l'Afrique, une mission d'exploration qui avait été tout d'abord, je crois, confiée au colonel Monteil. Delcassé indiqua sommairement l'itinéraire de la colonne Marchand. Elle pousserait jusqu'au Nil.

» Le ministère des colonies a toujours des explorateurs en mouvement. Les communications sur ces missions sont fréquentes au Conseil des ministres. On n'y prête pas une grande attention. La communication de Delcassé au sujet du capitaine Marchand fut cependant remarquée à cause d'un mot de Carnot.

» — Mais, dit-il, si nous arrivions sur le haut Nil, nous serions en meilleure posture pour engager la conversation au sujet de l'Egypte.

» Cette boutade ne fut pas relevée. Le ministre des Affaires étrangères, que l'affaire aurait concerné si elle avait dû avoir de telles conséquences, ne dit rien ; Delcassé non plus. On remarqua le mot de Carnot ; au moins un ministre, qui depuis me l'a rapporté, le remarqua. Mais on n'y attacha pas plus d'importance qu'à une parole dite en l'air.

» Malheureusement on ne tient pas minute des délibérations du Conseil des ministres. Il n'y a pas de secrétaire du Conseil. Il n'existe donc pas de document qui permette de préciser la portée, que dans l'esprit de Delcassé avait l'envoi d'une mission dans la direction du Nil. Mais les souvenirs des ministres de ce temps-là sont précis. Ils disent qu'on leur a parlé d'une mission d'exploration, d'études scientifiques, géographiques, commerciales, d'une mission qui montrerait notre drapeau, mais pas du tout d'une mission de conquête. D'ailleurs on ne part pas à la conquête du Nil avec cinq cents nègres; enfin Delcassé est un esprit froid et pratique. Ce n'est pas l'homme des coups d'épingle, ni un chercheur de querelles.

» La consigne donnée à Marchand par les Colonies, dont il relevait, n'étant pas une mission de conquête, la France ne l'ayant pas chargé de faire un établissement définitif sur le haut Nil, mais seulement de s'y promener et d'y faire des observations géographiques, politiques et économiques ; les choses étant ainsi, nous n'avions pas à faire la guerre pour soutenir un projet d'occupation fixe que nous n'avions pas formé.

» Il est vrai que Marchand une fois arrivé à Fashoda y était resté plus longtemps que dans un autre poste. Il y avait

4.

élevé une sorte de fortin et s'était même mis à y faire pousser des salades. Ces faits s'expliquent par le prestige que le nom du Nil devait exercer sur un officier et par le besoin où Marchand était de demander des instructions. Fallait-il qu'il demeurât où il était ? fallait-il qu'il revînt en arrière ? fallait-il qu'il continuât sa marche vers l'Est ? Voilà pourquoi il s'attarda à Fashoda. Que ce brave homme et ses compagnons aient désiré qu'on leur dît : « Vous êtes sur le Nil, restez-y ! » je le crois. Mais leur désir ne pouvait pas engager la France.

» Certainement, quand avec le rapport de Marchand nous serait arrivée sa question : Que faut-il faire ? nous aurions répondu : « Levez votre camp et revenez-nous. »

» Mais avant que nous eussions reçu aucune communication directe de Marchand, l'affaire avait pris une mauvaise tournure. Le général Kitchener, qui commandait l'armée victorieuse des Derviches, était allé inviter Marchand à s'en aller. Naturellement, notre officier avait répondu qu'il ne recevait d'ordres que de nous. En même temps, à Paris, l'ambassadeur d'Angleterre nous faisait des représentations.

» On a dit qu'il y avait eu un ultimatum. Cela n'est pas vrai. L'affaire, heureusement, n'est pas allée jusque-là. Ce qu'on a appelé l'ultimatum, c'est une note verbale remise par sir Edmund Monson à Delcassé. Cette note verbale disait que « l'Angleterre serait amenée à considérer » comme un acte *inamical* l'occupation

» par une force française d'une portion
» de l'ancien domaine des khédives. »

» Une note verbale, c'est quelque chose comme un thème de conversation. Ce n'est pas, comme l'ultimatum, une sommation d'avoir à faire ou à ne pas faire telle chose dans un délai déterminé. Une telle sommation, nous ne l'avons pas reçue. Et ceux qui, en France, disent que nous avons subi cet affront, calomnient leur pays. Pas plus sous la République que sous les anciens régimes, la France ne céderait à une menace sous condition. Saisi de la note verbale de sir Edmund Monson, Delcassé prit son temps pour répondre. Un événement fortuit lui donna un grand répit. Le ministère Brisson dont il faisait partie tomba. Delcassé, devenu momentanément ministre intérimaire, n'avait plus qualité pour prendre une décision. Brisson disait, avec raison, que « ça ne le regardait plus ».

» Quand le ministère Ch. Dupuy eut été formé, Delcassé, qui était maintenu aux affaires étrangères, reprit la conversation avec l'ambassadeur britannique. Il établit par pièces et documents que la mission Marchand n'avait jamais eu un caractère conquérant ; que la crise venait de l'invitation adressée par le général Kitchener à l'officier français d'amener son drapeau ; que si on n'avait pas mis des militaires anglais en présence de soldats français, que si on avait traité l'affaire d'une façon exclusivement diplomatique, aucun malentendu ne se serait élevé entre les deux gouvernements ; enfin, que la mission ayant eu dès le moment de son départ un caractère scientifique et économique, et non pas une consigne militaire, la France ne faisait aucune concession en donnant au capitaine Marchand l'ordre de continuer sa mission dans les conditions mêmes où il l'avait conduite jusqu'au point où la malheureuse intervention de Kitchener avait éveillé de part et d'autre les susceptibilités nationales.

» La conclusion de ces conversations fut que Marchand continuerait sa route à travers l'Abyssinie pour achever la traversée de l'Afrique dans sa largeur.

» Voilà l'affaire de Fashoda aplanie. Mais pendant qu'on négociait et après les négociations, les journaux dans les deux pays s'étaient livrés aux plus folles excitations. L'opinion, aussi bien en Angleterre qu'en France, était violemment surexcitée. La fièvre belliqueuse pénétrait jusque dans le monde politique. Je te le dis, nous n'avons pas craint la guerre pour Fachoda ; mais nous l'avons crainte après le règlement de la question de Fashoda. Il y avait une telle irritation de part et d'autre que le moindre incident eût été « inarrangeable. » (*Sic.*)

» Tous les rapports qui nous parvenaient nous disaient de nous tenir sur nos gardes, d'être prêts à tout. Et malheureusement sur beaucoup de points, nous n'étions pas préparés. Lockroy demandait du charbon, des canons et des troupes pour la défense des côtes, et en particulier de Bizerte qui était, disait-il, à la merci d'un coup de main. Pour faire nos préparatifs, il nous fallait de l'argent. Nous n'en avions pas. Nous ne pouvions pas en demander aux Chambres sans causer des inquiétudes en Angleterre, sans déceler l'insuffisance de notre armement, sans montrer notre jeu.

» Cet argent, les ministres eurent le courage patriotique de le dépenser sans autorisation. Il y avait eu ici, à l'Élysée, un Conseil extraordinaire auquel avaient pris part Loubet, président du Sénat; Deschanel, président de la Chambre; Dupuy, Lockroy, Freycinet, Peytral et les chefs d'état-major de la marine et de la guerre. On avait évalué à 70 ou 80 millions la somme indispensable pour parer au plus pressé. Ces millions, on en disposa. Auparavant, pour se mettre à couvert autant que possible, les ministres firent une démarche auprès des présidents et des rapporteurs généraux des Commissions financières du Sénat et de la Chambre. Au Sénat, c'étaient, je crois, Barbey et Morel ; à la Chambre, Mesureur et Camille Pelletan.

» On avait peur de l'opposition de Pelletan. Lui si pointilleux, si jaloux des droits de contrôle de la Chambre sur les dépenses, si éplucheur de comptes ! Eh bien ! dans cette crise nationale, Pelletan s'éleva comme les autres, plus spontanément peut-être que les autres, au-dessus de toutes les considérations de forme :

« C'est non seulement le droit mais
» le devoir des ministres de ne rien
» ménager, ni leur responsabilité ni

» l'argent, pour parer au danger. Avant
» tout, il faut que la France se défende. »

» Grâce à ces élans patriotiques, on fit rapidement ce qui était urgent pour résister à un coup de surprise.

» Les dépenses faites ont plus tard été régularisées, et heureusement les préparatifs qu'elles ont payés n'ont pas eu à servir. Mais ce qui a été fait est fait. De cette terrible crise, causée moins par l'affaire de Fachoda elle-même que par les polémiques folles des journalistes, nous sommes sortis, au bout de quelques semaines, sans la guerre ; mais avec une force certainement augmentée.

» J'ai vécu, conclut Félix Faure, des heures pleines d'angoisse. Je ne voudrais pas recommencer ces semaines-là. Quelle calamité universelle si la guerre avait éclaté, et quelle responsabilité! Le président de la Chambre est bien plus heureux que moi (1) ».

(1) Voir l'appendice B.

III

LA REVISION DE LA CONSTITUTION

... Contrairement à mon habitude de laisser Félix Faure conduire la conversation, je lui ai demandé aujourd'hui si, dans le cas où la guerre aurait éclaté après Fashoda, nous aurions eu avec les Anglais d'autres ennemis à combattre ?

— Je ne le crois pas, m'a-t-il répondu. En tout cas, notre conviction était que l'Allemagne resterait neutre, avec même de la bienveillance pour nous.

D'abord, les Russes sont là. Ensuite, Guillaume II n'a aucun intérêt à consolider la puissance des Anglais sur les mers. Supprimez par la pensée la flotte française, et l'Océan devient sans conteste un domaine anglais. Au contraire, la flotte française, unie aux autres marines des puissances continentales, fait équilibre à la flotte anglaise.

» Or, Guillaume a surtout des ambitions maritimes. Il n'aurait pas désiré notre défaite. Mais, dans la neutralité, il aurait profité de la guerre pour donner à son industrie, par le commerce, une impulsion gigantesque. Les marchands allemands seraient allés, pendant que les Anglais auraient été occupés à se battre, leur subtiliser la clientèle. Si tu ôtes l'Allemagne, qui ne nous aurait pas attaqués, la Russie qui est notre alliée et l'Autriche qui certainement ne serait pas mêlée de l'affaire, que reste-t-il ? L'Italie ?

» C'était là le point obscur. On ne pouvait pas prévoir ce que ferait un Roi qui ayant eu Crispi pour premier ministre l'avait laissé jouer contre nous son vilain rôle d'agent provocateur. Mais supposons que l'Italie, malgré les conseils de ses alliés, se fût jointe à l'Angleterre, la guerre n'en eût pas perdu son caractère maritime.

» La flotte italienne aurait aidé la flotte anglaise ; mais l'armée italienne ne serait pas entrée chez nous. Ce qui nous a menacés, c'est une grande guerre sur mer, qui d'ailleurs aurait suffi à nous occuper. Cette guerre, nous avons craint qu'elle éclatàt malgré nous, sur un incident, sur un fait divers, une rixe de matelots, une contestation entre pêcheurs, une insulte faite par quelques ivrognes à un consulat anglais en France ou à un consulat français en Angleterre ; sur un rien, n'importe quoi : après le règlement de l'affaire de Fashoda, il y avait une telle effervescence que la moindre difficulté eût pu amener une catastrophe.

— Mais pendant la guerre, comment aurait-on gouverné ?

— J'avais pensé à demander le jour même de la déclaration de guerre une addition aux lois constitutionnelles. Mon projet consistait à faire nommer par le Sénat et par la Chambre une Commission de permanence qui se serait composée du dixième des membres de ces assemblées, soit trente sénateurs et une soixantaine de députés.

» Cette Commission n'aurait pas exercé le pouvoir législatif. L'Exécutif lui aurait communiqué, pour enregistrement en quelque sorte, les décrets-lois qu'il aurait promulgués. En cas de désaccord entre l'Exécutif, composé du Président de la République et des ministres, et la Commission de permanence, c'est l'Exécutif qui aurait eu le dernier mot, quitte à s'expliquer devant les Chambres après le rétablissement de la paix et à se faire donner un bill d'indemnité.

» En somme, il aurait fallu, si la guerre nous avait surpris, organiser une sorte de dictature de Défense nationale. Même je crois qu'il serait sage de ne pas attendre une crise pour poser à la Constitution cette rallonge nécessaire. La République n'est pas un bohème insoucieux du lendemain. Certaine qu'elle est de l'avenir, elle doit être parée pour affronter toutes les tempêtes. Notre Constitution est inachevée, puisqu'elle n'a pas prévu l'état de guerre ; puisqu'elle n'a pas dit comment s'exercerait le pouvoir au lendemain de la mobilisation, quand plus de la moitié des députés seraient sous les drapeaux et ne pourraient pas délibérer. La loi désigne Paris comme siège des pouvoirs publics. Mais en guerre, le gouvernement peut être contraint de se déplacer.

Je pense que la loi, en proclamant l'Exécutif et la Commission de permanence inséparables, doit donner au Président la faculté de transférer hors de Paris le siège du gouvernement, — et cela par un simple décret-loi. Il y aurait encore à prévoir la mort du Président de la République pendant la guerre, à un moment où on ne pourrait pas réunir le Congrès, et à déterminer comment on lui donnerait un successeur, car la France, en face de l'ennemi, ne devrait pas rester décapitée... »

Le Président m'a parlé de ses nouveaux ministres. A propos de M. Krantz dont il est particulièrement satisfait, car Krantz, à ce qu'il m'a dit, est un homme de Méline, il m'a raconté cette piquante anecdote :

— Le jour où s'ouvrit la dernière crise

ministérielle sous Carnot, j'allai chez Dupuy, qui était président de la Chambre, pour l'engager à accepter la présidence du Conseil. Tu sais que quand un député porte à un premier ministre possible un tel encouragement, cela équivaut à lui dire : « Ne m'oubliez pas dans votre petite combinaison. » Oui, je désirais être ministre. Chez Dupuy, j'appris que Krantz était venu avant moi, et tout naturellement il n'était pas venu dire : « Oubliez-moi. »

» Eh bien! Dupuy ne m'oublia pas. Mais il oublia Krantz. Premier résultat : Félix Faure Président de la République. Deuxième résultat : L'ordre du jour sur lequel tomba Dupuy, sous Casimir-Perier, à propos de la garantie d'intérêt de l'Orléans, fut déposé par Krantz.

— Tu crois donc que si tu n'avais pas été ministre tu n'aurais pas été élu Président.

— Dame! j'étais plus en vue là que si j'étais resté simple député ou même vice-président de la Chambre. Ministre, on pensa à moi, au commencement de 1895, pour la présidence de la Chambre. Je ne soutins pas ma candidature, pour ne pas affaiblir le cabinet en ayant l'air de me défiler. Quand Perier s'en alla, ceux qui avaient pensé à moi pour la présidence de la Chambre y pensèrent pour la présidence de la République. Tout n'a été que hasard et je dirai même effet de la veine, dans mon élection. Savais-tu que c'était moi qui, sans le vouloir, avais causé la démission de Perier? Voici en deux mots l'histoire :

» On attaquait Perier dans les journaux socialistes et antisémites avec une extrême et tout à fait injuste violence. Un jour, avant le Conseil des ministres, je lis dans ma voiture un petit canard révolutionnaire, le *Chambard*, qui outrageait Perier à plein encrier. J'arrive au Conseil et, très sincèrement indigné, je demande la parole : on me la donne. Je dépose le journal sur la table et je demande des poursuites.

» Dupuy répond que cela le regarde ; qu'il trouve ces attaques abominables, mais que peut-être avant de poursuivre, il y aurait à réfléchir, à voir si la poursuite n'était pas recherchée en vue d'un scandale d'audience plus grand que celui d'un article dans un journal peu lu.

» Casimir-Perier, qui m'avait écouté

d'un air distrait, écoute Dupuy d'un air détaché. Il ne dit rien. Du reste, il ne disait presque jamais rien au Conseil. Il avait toujours l'air d'un monsieur profondément embêté devant qui se passent des choses indifférentes, — on aurait dit un sourd-muet au concert ou un aveugle devant la lanterne magique. Bref, il ne dit ni : « Poursuivez », ni : « Ne poursuivez pas. » Alors, le Conseil, pour n'avoir pas l'air de lâcher le Président, décide de faire le procès. Conséquence : la plaidoirie de Jaurès a retentissement immense; autre conséquence : la condamnation du rédacteur du *Chambard;* troisième conséquence : l'élection de ce journaliste à la Chambre dans un quartier de Paris; d'où amertume, ressentiment, dégoût chez Casimir-Perier, et finalement sa démission. En voyant ce que produisait le procès que j'avais demandé dans un mouvement d'indignation tout à fait sincère, je trouvai que j'avais fait là « de la belle ouvrage »; je fus désolé.

» Aussi, quand Perier nous annonça qu'il donnait sa démission, je fus un de ceux qui insistèrent le plus vivement pour qu'il se tînt solide au poste. Mon éloquence fut vaine, comme celle de tous les autres.

» — En m'en allant avec vous, je prouve que j'ai toujours été d'accord avec vous, répondait Perier. Si encore j'avais Burdeau! Mais Burdeau est mort. Je ne puis pas faire un ministère Bourgeois. C'est impossible. Sans transition, je n'irai pas de vous à Bourgeois. Je ne veux pas de ministère radical. On ne peut pas gouverner d'ailleurs avec une presse qui insulte indifféremment les chefs des États étrangers, anssi bien que le Président de la République. Toute diplomatie et tout gouvernement sont impossibles avec de pareilles mœurs.

» On lui offrit de faire un cabinet qui aurait eu pour tout programme une loi rendant à la police correctionnelle le délit d'outrages au Président. Dupuy, qui avait été atteint personnellement par l'ordre du jour Krantz, disait qu'il s'en irait quoi qu'il advînt.

» Mais dans le ministère nous étions plusieurs qui aurions accepté de défendre cette loi protectrice de la personne du Président. Leygues, pour qui Casimir-Perier avait une amitié particulière, parla avec une grande chaleur et, ma foi, beaucoup d'éloquence. Il disait : « Demandez à la Chambre les moyens » de gouverner; si elle vous les refuse, » vous partirez. Alors le pays saura pour- » quoi. Vous jugez utile une loi protec- » trice de la personne du Président de la » République, invitez le Parlement à la » faire. » Tout le Conseil adhérait à l'opinion de Leygues.

Moi-même, tant j'étais ennuyé des conséquences de mon zèle désastreux, j'aurais consenti à déposer cette loi. Casimir-Perier remerciait et il reparlait de Burdeau; il en revenait toujours à Burdeau.

» Tout cela, au fond, c'étaient des prétextes. Il en avait assez. Il n'était pas fait pour le métier. Sans doute il aurait été bon président d'une république à l'américaine où le Président à un pouvoir presque absolu. Mais il n'avait pas le don pour présider à la chimie de la politique française.

» Tu vois par quel enchaînement de faits insignifiants en eux-mêmes, je suis devenu de député ministre, et de ministre président de la République. Ç'a été une fameuse série de veine. »

*
* *

Félix Faure m'a chargé d'une commission assez ennuyeuse :

— Tu sais qu'Y est assommant avec ses familiarités. Il se croit toujours dans notre canot d'Asnières. Avant-hier, je l'avais invité à Rambouillet; il y avait des personnages officiels, un ambassadeur. Et cet animal d'Y m'accablait des marques de sa cordiale affection. C'était des « tu » et des « toi ». Il s'en gargarisait.

» Je t'en prie, dis-lui d'être un peu moins nature. Je ne renie aucun de nous qui avons fait des bêtises et tiré l'aviron ensemble quand nous étions jeunes. La maison leur est toujours ouverte. Dans l'intimité, tout ce qu'il voudra. Mais pas devant le monde, pas devant Crozier! Comment ne comprend-il pas qu'il est inutile pour le moins de faire rire tout ce monde maniéré à nos dépens? Si tu ne lui fais pas ma commission, je la ferai moi-même. Qu'Y agisse comme tous nos camarades; comportons-nous entre nous comme font entre eux les officiers d'une même promotion. A la fin de leur carrière, il y en a qui sont encore capitaines et d'autres qui sont généraux. Ils se tutoient. Mais pas dans le service ! Eh bien ! moi je suis en service, dans les chasses et les réceptions officielles »... (1)

(1) Voir appendice C.

IV

L'AFFAIRE SCHNÆBELÉ

..... — Tu t'es croisé avec l'ambassadeur d'Allemagne, m'a dit Félix Faure.

— Ma foi, je n'en savais rien ; j'ai vu sortir une voiture, je n'ai pas vu qui s'y trouvait.

— C'était Münster. Il vient quelquefois me voir sans façons diplomatiques, et j'aime bien ses visites. C'est un bon diable d'Allemand, pas querelleur. Au contraire, avec lui on peut s'entendre, car il a de la bonne foi. Dans l'affaire Schnæbelé, il se conduisit parfaitement bien, osa contrecarrer Bismarck et rendit à la cause de la paix un signalé service. Du reste le hasard fit qu'un autre Allemand nous donna dans cette crise un très utile renseignement. C'est le comte Hænckel de Donnesmarck, le mari de madame de Païva.

» Je me rappelle fort bien l'histoire, car je vivais alors dans le milieu politique où elle se passa.

» L'arrestation du commissaire de police Schnæbelé par un policier allemand, à la frontière, commença à être connue un soir vers dix ou onze heures. De tous côtés on se précipita dans les ministères, dans les bureaux des agences télégraphiques, dans les bureaux des journaux, partout où on croyait pouvoir trouver des nouvelles, des explications.

» Nulle part il n'y en avait. On ne connaissait que le fait brutal : l'arrestation de Schnæbelé par Gautsch. Pourquoi, comment cette arrestation ? Etait-elle un effet du hasard ? avait-elle été préparée comme un guet-apens ? Les procédés bismarckiens étant connus, on inclinait à croire, de la part du chancelier allemand, à quelque criminelle provocation.

» A la *République française*, il y eut bientôt une cohue de questionneurs. Ce journal était encore le point de ralliement des anciens gambettistes devenus les ferrystes. Il donnait le mot d'ordre aux républicains de gouvernement. Beaucoup de fonctionnaires, pour se ménager la bienveillance d'un parti puissant, y envoyaient des informations quelquefois déplaisantes pour leurs ministres. Sans plus être ce qu'elle avait été du vivant de Gambetta et jusqu'en 1885, la *République française* exerçait encore une grande influence. Le soir où l'on apprit l'affaire Schnæbelé, ses bureaux furent encombrés. Mais Reinach, qui en qualité de rédacteur en chef recevait les dépêches, ne savait rien de plus que les autres.

» Tout à coup il pria les personnes présentes dans son cabinet de sortir pour lui laisser recevoir un visiteur dont on venait de lui passer la carte.

» Quelques instants après, on sut que ce visiteur était le comte Hænckel de Donnesmarck. Il s'était présenté comme en quête d'informations.

» — C'est à vous à nous en donner,

lui avait dit Reinach. Est-ce un piège
que nous a tendu M. de Bismarck? Veut-
il la guerre?

» — Je n'en crois rien, avait répondu
le baron. J'ai quitté Berlin hier matin.
La veille j'avais dîné avec M. de Bismarck. Il m'a donné quelques commissions personnelles pour Paris. Rien dans
son langage, dans son attitude, ne m'a
laissé soupçonner qu'il s'attendît à un
événement comme celui qui vient de se
produire. A mon avis, il n'y a là qu'un
hasard, un malheureux hasard ; cette
arrestation n'avait pas été préméditée ni
préparée. Je connais M. de Bismarck depuis assez longtemps, nous sommes assez
liés pour que je puisse affirmer qu'il
aurait trouvé un moyen de me retenir, de
m'empêcher de venir parmi vous, si dans

ce moment il avait voulu vous obliger à nous faire la guerre. Croyez-moi, il n'y a pas de guet-apens. Je n'ai pas de qualité officielle pour vous le dire, mais j'en ai la certitude morale.

» Cette affirmation du comte Hænckel de Donnesmarck fut immédiatement portée à l'Élysée, à M. Grévy, j'en suis sûr, et peut-être à Goblet, alors président du Conseil, et à Flourens, ministre des affaires étrangères, par je ne sais quel émissaire. Dans le milieu des anciens amis de Gambetta on avait de la sympathie pour Hænckel et on lui accordait de la confiance.

» Il avait été gouverneur de la Lorraine pendant la guerre, et dans ce poste il avait montré beaucoup de modération, un très grand esprit de conciliation.

Après la guerre, il était revenu à Paris, où il connaissait beaucoup de monde. M. Thiers, qui avait fréquenté chez lui, sous l'Empire, trouvant en lui un homme bien disposé, s'en était servi comme d'un tampon entre les autorités françaises et les chefs militaires allemands; il avait plusieurs fois employé le comte Hænckel dans des missions officieuses soit auprès de Manteuffel, soit auprès de Bismarck, et grâce à lui il avait pu souvent tempérer leurs exigences. Voilà ce qu'on disait de Hænckel, voilà ce que j'en avais entendu dire dans l'entourage de Gambetta, et par Gambetta lui-même à qui M. Thiers avait présenté ce Prussien conciliant ; et voilà ce qui rendait particulièrement intéressante l'opinion qu'il était venu exprimer à la *République fran-*

çaise sur l'arrestation de Schnæbelé.

» On se croyait sûr, d'après les preuves de bon vouloir qu'il nous avait données dans le passé, qu'il ne cherchait pas à nous tromper, à nous endormir ; et on était porté à penser qu'en effet M. de Bismarck n'aurait pas laissé partir pour Paris un homme de cette importance, son ami personnel, à la veille de commettre contre nous un attentat sans pareil.

» Cependant les dires d'Hænckel ne suffisaient pas à éclaircir la situation. Tout au plus pouvaient-ils permettre de rectifier le tir. Si Bismarck n'avait pas voulu nous provoquer, nous n'avions pas à riposter du tac au tac ; l'incident, s'il était fortuit, pouvait se régler, à condition qu'on nous accordât une juste satisfaction.

» Mais ce qui était à craindre, c'est que cette satisfaction ne nous fût pas donnée assez vite et assez complète. Münster était absent. Il n'y avait personne à qui parler à l'ambassade d'Allemagne. Rien ne nous empêchait de croire que Bismarck, toujours haineux, ne chercherait pas à profiter de cette histoire de frontière, si même il n'en était pas l'auteur, pour nous placer entre une humiliation et la guerre.

» D'autre part, nous étions assez mal parés au point de vue diplomatique. Flourens n'était ministre que depuis trois mois. Il n'avait pas encore eu le temps d'acquérir cette autorité personnelle qui ne vient qu'avec le temps, et qui est indispensable à un ministre des affaires étrangères. On ne le connaissait pas.

» Heureusement que M. Grévy était là. Il fut vraiment alors la tête agissante du gouvernement français. En dépit de la fiction d'irresponsabilité, il agit; en quoi il fit son devoir absolu. Car si le Président de la République, quand la patrie peut être en danger, devait se borner à donner des signatures, il ne serait qu'un misérable figurant.

» M. Grévy mit de l'ordre dans le Conseil des ministres en lui communiquant son sang-froid. Les ministres ne désiraient pas la guerre. Mais ils croyaient qu'on voulait nous la faire.

» Boulanger, au premier Conseil, proposait qu'on ordonnât des mesures militaires qui auraient peut-être été trop apparentes. Le père Grévy l'entraîna dans une embrasure de fenêtre, lui prit les mains, lui prodigua les exhortations :

— « Calmez-vous, mon cher général. Nous sommes tous aussi indignés que vous. Mais il n'y a peut-être rien d'irréparable. Préparons-nous. Mais que nos préparatifs n'aient pas l'air de menaces. Voyons venir.

» Cette sagesse prévalut facilement, car au fond tous les ministres aimaient mieux un arrangement honorable que la guerre. Il faudrait n'avoir pas de cœur pour ne pas hésiter avant de déchaîner les calamités qu'amènerait maintenant une guerre européenne.

» On se mit donc à négocier. Mais on trouva, comme on s'y était attendu, la mauvaise foi la plus hargneuse chez Bismarck.

» Nous soutenions que Schnæbelé avait été arrêté en France : Bismarck soutenait le dire de Gautsch, que l'arrestation avait été faite en territoire allemand. On nomma des experts qui se mirent à discuter sur des centimètres carrés, sur des épaisseurs de lignes. La discussion sur ces futilités laissait l'opinion s'énerver, et peut-être l'affaire allait-elle mal finir, quand on découvrit l'original de la lettre par laquelle Gautsch avait appelé Schnæbelé à une conférence.

» Aussitôt le père Grévy fit expédier cette lettre à Herbette, à Berlin, avec instructions de concéder que l'arrestation avait pu avoir lieu en Allemagne, de faire cesser les contestations méticuleuses des experts et de plaider le guet-apens devenu indéniable.

» Herbette en possession de cette lettre se demandait comment il en ferait usage. Il avait trouvé chez Bismarck des dispositions si malveillantes qu'il ne savait pas comment celui-ci accepterait la communication d'une pièce si convaincante en notre faveur. L'ambassadeur pouvait craindre, avec un tel personnage, quelque rebuffade qui aurait constitué une nouvelle offense. Demander une audience à l'empereur Guillaume, c'était s'exposer à un nouvel incident d'Ems, à une invitation d'avoir à s'adresser au chancelier et aux commentaires que Bismarck aurait pu donner à une telle invitation.

» Herbette était dans ces perplexités quand Münster arriva un jour chez lui :

« — Ce que je fais n'est pas dans les usages diplomatiques, dit Münster. Ambassadeur d'Allemagne en France, je viens sans aucun mandat chez l'ambassadeur de France en Allemagne. Je désire ardemment la paix. Puis-je faire quelque démarche officieuse qui en serve la cause ? Vous savez que l'empereur me fait l'honneur de me recevoir toujours avec bonté. N'avez-vous rien à lui faire dire personnellement ?

» Herbette montra aussitôt la lettre de Gautsch.

» — Donnez-la moi, confiez-la moi. Je vous la rapporterai aujourd'hui même.

» — Qu'en voulez-vous faire ?

» — La porter à Bismarck, et à l'Empereur ensuite.

» Il paraît qu'au nom de Bismarck,

Herbette conçut des appréhensions. Laisser passer dans les doigts d'un homme si peu scrupuleux une pièce d'une importance aussi grande, cela lui parut bien risqué.

» — Je vais vous en donner une copie.

» — Non, je vous demande l'original. Cet après-midi vous aurez la réponse de l'Empereur.

» Cette insistance vint à bout des hésitations d'Herbette. Il remit sa précieuse lettre à Münster, qui d'abord alla chez Bismarck, où il reçut un accueil plutôt frais.

» Le chancelier demanda à l'ambassadeur à quel titre il se mêlait d'une négociation qui ne le regardait en rien.

» — Pourquoi M. Herbette ne fait-il

pas ses commissions lui-même ? Vous êtes donc maintenant son ambassadeur ? Et qu'allez-vous faire de ce papier ?

» — Le porter à l'Empereur. J'ai tenu seulement à vous prévenir de ma démarche.

» — Le porter à l'Empereur ? Mais ce n'est pas votre affaire.

» — Je l'ai promis à M. Herbette, et c'est à cette seule condition qu'il m'a confié cette lettre. J'espère que l'Empereur ne me reprochera pas mon zèle.

» Chez Guillaume Ier, la réception fut meilleure. Il avait, à ce qu'on m'a dit, une bienveillance particulière pour Münster.

» Celui-ci expliqua sa démarche et lut la lettre. L'Empereur la prit, l'examina et dit lentement :

— » Alors, c'était un parlementaire. Si nous ne relâchons pas cet homme-là, jamais personne n'osera plus envoyer un parlementaire dans un camp prussien. Il faut qu'on le relâche. Je vais en donner l'ordre. Vous pouvez le dire à M. Herbette.

Quelques heures plus tard, Bismarck faisait remettre M. Schnæbelé en liberté.

» Voilà comment on m'a conté l'affaire Schnæbelé. Bismark y fut, à son ordinaire, odieux. S'il ne créa pas l'incident, il le prolongea pour nous énerver, comptant sans doute que nous ferions quelque faux pas. Le vieux Guillaume, qui avait de la loyauté militaire, éprouva un scrupule de soldat quand on lui montra le sauf-conduit qui faisait de Schnæbelé ce qu'il appela « un parlementaire ».

» Il faut encore se rappeler que Guillaume avait quatre-vingt-dix ans, qu'à cet âge on ne court pas les chances d'une guerre formidable ; que nous étions déjà redevenus très forts, que nous nous serions battus comme des enragés, et que le résultat était très douteux. Nous aurions très bien pu être vainqueurs. Ces considérations ont dû ajouter du poids aux scrupules de conscience du vieil empereur et aider Münster à « jouer le tour à Bismarck (1) ».

(1) Voir appendice D.

V

QUELQUES MINISTRES

Félix Faure regrette beaucoup Méline. Il m'en a longuement parlé.

— S'il l'avait voulu, Méline aurait pu conserver le pouvoir. Il avait eu la majorité à la Chambre : quelques voix, sept ou huit. C'était peu de chose, mais ce n'était pas une minorité. En acceptant ce vote comme une victoire, il restait, il négociait, il avait sur ses adversaires l'avantage du monsieur qui est dans la place, qui dispose de tous les moyens d'influence. Il aurait fait des recrues et il aurait pu gagner les vacances. C'était toujours trois ou quatre mois de répit. Après, on aurait vu.

» Mais Méline a cru qu'en s'en allant il se préparait une rentrée triomphale au bout de quelques jours. Il se figurait qu'on ne pourrait pas faire un autre ministère que le sien; que personne n'en viendrait à bout, qu'on serait obligé de retourner vers lui et qu'alors il ferait ses conditions. Il voulait certaines lois, mais surtout je crois qu'il voulait renouveler un peu la façade de son ministère. C'était un miracle qu'avec un cabinet aussi mal bâti il eût pu vivre plus de deux ans. Méline était la grande force militante et agissante de son ministère et il devait suppléer à la faiblesse de quelques-uns de ses ministres ; il était toujours sur la brèche, toujours dans l'inquiétude d'un coup de gaffe mal donné par un de ses rameurs.

» Il fallait qu'il payât sans répit de sa personne, qu'il pourvût à tout. Il était presque toujours à la tribune, faisant tête à des adversaires furieux dont son courage exaspérait les colères. S'il avait été aidé, il aurait pu faire un grand gouvernement. Mais parmi ses ministres il n'y en avait vraiment que trois sur lesquels il pût compter. C'était Hanotaux, Lebon et Cochery. Et encore Cochery était-il bien indocile. Il avait imaginé un certain impôt sur la rente dont gémissait Méline. Les autres ministres pouvaient être dévoués à leur président, mais ne le secondaient pas, ou bien se tenaient vis-à-vis de lui, avec les formes d'une parfaite déférence, sur un pied d'intraitable indépendance.

» Ainsi, Barthou formait à lui tout seul un ministère dans le ministère. C'est un homme de tempérament et qui doit aller loin ; mais il a toute l'âpreté autoritaire de Ferry ; il ne se pliait donc pas à la direction de Méline, et n'en faisait qu'à sa tête. On m'a rapporté de lui un mot révélateur de ses pensées. Un jour, parlant de l'un de ses collègues, il dit :

» — Celui-là est un ministre de Méline ; c'est Méline qui l'a fait ministre. Moi, ce n'est pas la même chose, j'ai apporté mon concours à Méline et je le lui continue.

« Barthou se considérait comme un allié, et non pas comme un subordonné. Je suis sûr qu'il n'y avait dans son indépendance aucune perfidie; il ne cabalait pas, n'intriguait pas, mais il croyait qu'il faisait au mieux les affaires du gouvernement de Méline en agissant à sa guise, sans tenir toujours compte des préférences de Méline. Il se croyait meilleur méliniste que Méline. Je suis convaincu que le ministère a perdu du monde aux élections par suite de l'entente insuffisante de Méline et de Barthou.

» Cette expérience devrait servir à tous les futurs présidents du Conseil. La place du chef du gouvernement, en France, est au ministère de l'intérieur.

» S'il ne la prend pas lui-même et qu'il

y mette une doublure, l'administration s'affaiblit, les ressorts se détendent et le gouvernement cesse d'être obéi ; si le Président du Conseil donne l'intérieur à un homme de talent et de caractère, ou seulement à un ambitieux, c'est un rival qu'il élève. La puissance du ministère de l'intérieur est trop prépondérante pour être détachée de la présidence du Conseil. Qu'on le veuille ou non, c'est toujours le ministre de l'intérieur qui passe au premier rang devant l'opinion. Constans n'a jamais été président du Conseil, et pourtant c'est lui qui a incarné la politique de tous les ministères dont il a fait partie — parce qu'il était à l'intérieur.

» A propos de Constans, je tiens de Rouvier une assez piquante anecdote.

Au moment où Carnot faisait former par Tirard le ministère de combat contre le boulangisme, Rouvier est appelé à l'Élysée. On lui offre les finances. Il accepte.

» Dans le salon d'attente de Carnot, il avait aperçu Faye, le sénateur.

» — Faye entre dans la combinaison? interroge Rouvier.

» — Oui. Il va à l'Intérieur.

» — Il va à l'Intérieur; alors moi, je m'en vais tout à fait. Je n'entre dans le cabinet que si Constans prend l'intérieur. C'est le poste le plus important dans les circonstances actuelles : c'est là que se jouera, pendant les élections, le sort de la République.

Par conséquent, il faut y mettre un homme qui connaisse l'administration, qui soit apprécié du personnel, qui sache se faire obéir, un homme d'expérience et qui ait fait ses preuves. Cet homme-là, c'est Constans. Faye a peut-être tout autant de qualités, mais on ne les connaît pas. Il faut en tout cas qu'il fasse son apprentissage. Eh bien ! nous ne sommes pas dans une position à payer des apprentissages à personne. Cela pourrait nous coûter trop cher. Que Faye prenne n'importe quel portefeuille, mais non celui de l'intérieur qui doit revenir à Constans. Pour moi, je ne m'engage pas sans Constans, et même, sans lui, je me dégage absolument.

» Carnot et Tirard n'aimaient pas beaucoup Constans. Mais Rouvier s'en allant, c'était tout le groupe opportuniste se retirant de la majorité ministérielle. Il fallut céder. Constans fut appelé, et les choses prirent une tournure que peut-être Faye n'aurait pas su leur donner.

» Pour en revenir à Méline, quelques-uns de ses ministres ne représentaient dans sa barque que du poids mort.

» C'étaient de bons garçons, sans doute, mais de peu d'autorité, qui ne tiraient un peu de lustre que de leurs places, et qui ne leur rendaient pas le même service. Il fallait les surveiller de près pour les empêcher de commettre des bourdes. On arrivait quelquefois en retard, et alors il fallait réparer leurs bévues.

» On m'a dit sur les relations de Méline avec deux ou trois de ses collaborateurs des détails qui relèvent de la comédie bouffe. Ainsi Billot ne savait pas se servir du téléphone. Mais il ne voulait pas convenir de son inexpérience et se faire enseigner par un officier d'ordonnance la manière de se servir de « cette mécanique-là. » Or il arrivait que très fréquemment Méline téléphonait au ministère de la Guerre. Billot décrochait un récepteur — ordinairement ce n'était pas le bon, — et bredouillait quelque chose sur la plaque. Méline n'entendait rien, s'impatientait, s'emportait. Il lui fallait envoyer chercher Billot. Il paraît que c'est arrivé plusieurs fois.

» Malgré tous les obstacles dressés devant lui, Méline a tenu bon plus de deux ans. Il a dû cette longue vie à l'entrain vaillant avec lequel il se prodiguait, et surtout à ceci que sa politique correspondait aux besoins de la France et de la

République. Sa modération rassurait ; avec cela, il ne fermait la porte à personne, ne cherchait à embêter personne. Il réconciliait les sommités sociales avec la République ; son programme, malgré nos divergences sur la question économique, se rapprochait le plus du mien, de celui que j'avais soutenu dans mes élections. Avec lui, j'étais tranquille : il marchait droit, sans obliquer ni à gauche ni à droite. Les gouvernements étrangers avaient pris confiance dans sa netteté et dans sa fermeté.

» S'il avait pu faire durer son ministère, il aurait été un président du Conseil idéal pendant l'Exposition. Comme il s'agira de recevoir tout le monde, Méline, qui n'exclut personne, aurait joliment bien fait l'affaire. Il était ministre pendant le voyage du Tsar, puis pendant mon voyage en Russie. Nicolas l'apprécie beaucoup. Les autres souverains, voyant en lui le chef du parti conservateur de la République et voyant qu'il avait la force de faire vivre un gouvernement, lui accordaient du crédit. Il m'aurait été bien utile en 1900. Mais il a gâché son affaire en se retirant, en laissant sa majorité s'éparpiller, en voulant être trop habile — car il pensait que la crise qu'il ouvrait finirait par son rappel. C'est incroyable qu'avec son expérience il ait pu croire qu'une majorité resterait fidèle à un ministre tombé. On a toujours de bonnes raisons pour se rallier à votre successeur.

» De mes ministres, c'est certainement Méline que je préfère. Il me l'aurait fallu un peu moins méticuleux, un peu moins attardé dans les détails; mais tel qu'il était, il était très bon. Ses prédécesseurs, Ribot et Bourgeois, qui lui sont supérieurs comme hommes, ne le valaient pas comme ministres. Ribot, avec toute son éloquence et sa longue expérience, est trop flottant, trop négociateur. C'est un grand Freycinet, très habile à louvoyer, mais dont les manœuvres sont parfois déconcertantes. Il cherche trop à satisfaire Pierre et Paul. On ne sait jamais quel acte ses principes invariables vont lui inspirer. S'il avait eu la carrure de Méline, il aurait pu être le chef sans rival du parti républicain modéré; car il a un très, très grand talent.

» Il a pris malheureusement de mauvaises habitudes dans les ministères de concentration. Bourgeois serait parfait s'il voulait bien laisser à d'autres le radicalisme. Il n'y a pas dans les Chambres un homme mieux doué, de plus grande intelligence. Bourgeois est l'égal des plus grands esprits. Il est resté pourtant à la tête du parti le plus arriéré, car les radicaux ne sont pas, comme ils le prétendent, des hommes avancés ; ce sont, au contraire, des hommes politiques dont la maturité retarde. Au collège et au quartier Latin, tous les jeunes gens sont radicaux ou même révolutionnaires. L'âge les modère.

» Les radicaux sont des hommes qui ont gardé leurs opinions juvéniles, qui n'ont pas acquis la notion des réalités auxquelles les programmes doivent s'adapter. Presque tous les grands républicains ont commencé par le radicalisme, par des exagérations, et ont été amenés à la modération par l'expérience. Bourgeois, qui a la douceur et la distinction d'esprit d'un académicien, n'a pas fait la même évolution. Cet homme charmant et délicat a gardé une clientèle farouche et bruyante qui contraste violemment avec lui. Quand j'ai voyagé avec lui dans le Midi, pendant son ministère, au moment où il voulait faire voter l'impôt sur le revenu, tous les Comités radicaux, qui pour le moment étaient ministériels, faisaient pousser autour de nous des cris injurieux pour le Sénat.

Je voyais venir le moment où un Marseillais facétieux me tendrait le bonnet rouge. C'était très embarrassant pour moi : j'avais l'air d'encourager ces attaques contre le Sénat, alors que dans le fond de mon cœur, j'étais tout ce qu'il y a de plus sénatorial et, malgré toute mon amitié pour Bourgeois, tout à fait antiministériel.

» J'ai été enchanté quand j'ai cessé de le voir au Conseil des ministres, et quand j'ai pu ne plus le recevoir que comme un ami. Il n'en est pas de plus exquis »... (1)

(1) Voir appendice E.

VI

M. QUESNAY DE BEAUREPAIRE

... C'est une véritable devinette que m'a posée le Président. Je n'y ai rien compris. Je la consigne néanmoins, car peut-être le hasard m'apprendra-t-il plus tard les noms que je ne peux pas découvrir aujourd'hui.

Voici l'histoire que m'a dite Félix Faure, au cours d'une conversation sur les fous :

— On en coudoie tous les jours. Jusqu'à ces derniers temps, j'avais cru que c'était un bruit que les aliénistes faisaient courir. Mais ce que j'ai su d'un personnage de premier plan, dont je ne te dirai pas le nom ni la qualité, est tellement stupéfiant que je suis disposé à douter de la santé mentale de n'importe qui.

» Il y a dans l'administration française, dans un des postes les plus élevés, les plus en vue, les plus enviés, les plus attaqués, un homme qui a des accès de démence. Cet homme a voulu se battre en duel avec son frère ; il n'a pas pensé à l'assassiner, ce qui n'indiquerait chez lui que des dispositions criminelles nées d'une haine de famille. Non, cet homme éminent, qui est un des premiers dans sa carrière, non seulement par le rang mais par le mérite, a voulu un jour se battre en duel avec son frère, pour de la politique! Tu entends : pour de la politique! Il s'est imaginé qu'il trouverait des témoins pour ce duel. Et il est allé demander à Billot, au général Billot, d'être un de ces témoins.

» Quand on m'a raconté cette histoire, je ne voulais pas en croire mes oreilles. Les choses se sont ainsi passées. On avait inauguré, je ne sais où, une statue, tu ne sauras pas de qui. Un journal ou un orateur, parlant du statufié, avait rappelé que sa descendance était représentée par deux personnages, le très haut fonctionnaire dont je parle et son frère.

» Là-dessus, le très haut fonctionnaire prend sa plume et écrit au journal :

» On a prétendu que mon illustre aïeul avait deux descendants vivants. Il n'en a plus qu'un. L'homme qui se dit mon frère et qui ose porter le nom de mon ancêtre s'est exclu de sa famille et de la mienne le jour où il a combattu la République ».

Et cela continuait en une page d'injures.

« Naturellement, le directeur du journal refuse d'insérer cette bizarre rectification. Il objecte que des opinions politiques ne suffisent pas à faire perdre son nom à un homme, qu'en publiant la lettre du frère excommunicateur il s'exposerait à faire rire de son journal, de lui-même et de l'auteur de la lettre.

» — Ça m'est égal qu'on rie de moi ; l'honneur avant tout ! répond celui-ci.

» — Mais votre frère que vous insultez ne pourra pas s'en prendre à vous. Il retombera sur moi. Et je serai forcé de lui faire des excuses, car je n'ai aucune raison de lui en vouloir. Je regrette qu'il ne soit pas républicain; mais je ne peux pas aller croiser le fer avec tous les réactionnaires.

» — Ce sont les témoins qui vous font hésiter? Eh bien! je les recevrai. Je passerai la frontière et je me battrai. Cet homme n'est plus mon frère. Je le renie. Je peux donc me battre avec lui.

» Cela dit, ou même écrit, je crois, le fonctionnaire éminent s'en va chez Billot et lui propose d'être de son expédition. Comment fit Billot? Il avait peut-être une douche toute prête. Toujours est-il qu'il calma ce fratricide d'intention ; il le renvoya chez lui.

» Ne penses-tu pas comme moi qu'un pareil accès n'a pu se produire que chez un homme déjà détraqué ?

A mon avis, il faut être fou à lier pour s'imaginer que dans n'importe quelle position, mais surtout dans une position où on est en vue de tous côtés, on peut aller sur le terrain avec son frère, et encore plus fou de prétendre associer à cette équipée un des chefs de l'armée française. Eh bien, ce fou existe chez nous. Personne ne se doute de sa démence, car dans l'exercice de ses fonctions il apporte la plus grande lucidité. Mais demain on viendrait me dire qu'il a fait n'importe quelle excentricité, que je n'en serais pas surpris. Quand on a voulu se battre en duel, régulièrement, avec son frère, on est capable de toutes les aberrations. Se battre en duel avec son frère! vois-tu ça d'ici! Et les témoins, la figure de Billot?... (1) »

※
* *

Félix Faure m'a parlé ce soir d'attaques qui vont être dirigées contre lui.

— Tu vois un homme qui va se trouver tout à coup sous le flot d'une bouche d'égout, qui en est prévenu et qui ne peut pas se mettre à l'abri.

» Ribot m'a envoyé Leygues pour m'a-

(1) Le héros de cette anecdote est M. Quesnay de Beaurepaire, ancien procureur général près de la Cour d'Appel de Paris et près de la Haute Cour, ancien Président de Chambre à la Cour de Cassation.

vertir. Leygues est venu, l'air embarrassé, et il m'a conté que, par des moyens à lui, il s'était procuré les épreuves d'un article ignoble préparé contre moi et contre ma famille : qu'il avait pu obtenir que cet article ne passerait pas, mais que, sachant à quels gredins il avait affaire, il s'attendait à ce que la publication qu'on avait promis de ne pas faire, se fît quand même. Il avait seulement voulu gagner du temps afin de me consulter.

» Je lui ai répondu que je ne craignais absolument rien, et que la seule chose qu'il y eût à faire était de prendre les devants, de raconter l'histoire, très honorable pour moi et pour tous les miens, dont quelques drôles voulaient tirer un scandale. Oui, c'est ce que je vais faire :

marcher le premier; couper l'herbe sous le pied aux maîtres-chanteurs. Quant à chanter, jamais ! Ils ne me connaissent pas. Je n'ai pas de nerfs, moi, et je n'ai pas non plus de gendre compromettant. Je ne ferai ni comme Casimir-Perier, ni comme Grévy. Je resterai. Vraiment, ce serait un trop beau succès pour ces gens-là. Encore un Président de la République qui s'en irait, et dans la boue, celui-là ! Non, non. Peine perdue. On ne m'ébranlera pas. Ils me reprochent dédaigneusement mon origine : eh bien! ils vont voir ce que c'est qu'un bourgeois sorti du peuple, comment ça se tient devant la calomnie. Ah ! les drôles ! ils croient m'influencer, m'asservir à eux, me mettre dans leur jeu. Rien ne me fera broncher sur mon devoir. Tout ce

8.

qu'ils pourront, c'est faire pleurer des femmes. Les lâches devront se contenter de ce triomphe.

» J'avoue, a continué Félix Faure après un temps de silence, que je ne m'attendais pas à être attaqué avec ces armes empoisonnées. J'étais arrivé ici après une longue et terrible crise, après les crimes et les violences de la fin de la présidence Carnot et après les agitations furibondes de la présidence Perier, avec la volonté de faire de l'apaisement. J'ai eu plus de chance que mon prédécesseur. J'ai pu faire l'amnistie. Tous ceux qui m'ont vu le jour de l'élection à Versailles savent que l'amnistie a été ma première pensée.

» J'en ai parlé à Dupuy dans la voiture où nous sommes montés en sortant du palais. Dans les négociations pour la formation du ministère, j'ai indiqué à tous ceux que j'ai consultés, à tous ceux qui sont venus me voir, que l'amnistie devait être le premier acte de ma présidence.

A Bourgeois comme à Ribot j'avais dit : « l'amnistie d'abord, n'est-ce pas ? » Je peux dire que c'est moi qui ai fait l'amnistie. Et si ce ne sont pas les amnistiés qui cherchent à me récompenser par le scandale, du moins, c'est leurs amis. Je m'attendais bien à être blagué — d'ailleurs ça ne fait pas de mal, — mais outragé, déchiré comme ils veulent le faire, si j'en crois l'article que Leygues m'a montré, je ne le craignais pas... Mais je ne chanterai pas. »

*
* *

— ... Constans, m'a dit le Président, c'est la coqueluche du Sultan. Berger, de la Banque ottomane, m'a donné la plus haute idée de la faveur dont jouit notre ambassadeur auprès d'Abd-ul-Hamid. A Constantinople, il avait été précédé par la réputation que lui avaient faite les attaques des journaux. Seulement, ces attaques, au lieu de l'amoindrir, l'avaient grandi. A l'étranger, on calcule la valeur des hommes d'État français d'après la quantité d'injures qui leur sont adressées par notre bonne presse. Ainsi, Constans a passé au premier plan, car c'est lui qui détient le record de l'injure. Il distance Ferry lui-même. On n'accusait Ferry que de crimes politiques, tandis que Constans a été accusé d'être un assassin de droit commun. Toutes ces gentillesses ont eu pour conséquence que les étrangers disent de Constans : « Il doit être rudement fort ! »

» En Turquie, d'après Th. Berger, en qui j'ai confiance car il a autant d'honnêteté que d'esprit, Constans a dû, auprès des Levantins et de certains Turcs, un surcroît de prestige à un mot dont lui-même est l'auteur.

» Tu sais qu'un jour un aventurier vint au ministère de l'Intérieur et s'offrit à Constans pour provoquer Rochefort et pour le tuer dans un duel au pistolet.

» Constans, toujours goguenard, répondit, faisant allusion aux attaques accoutumées de l'*Intransigeant :*

» — Je vous remercie, j'assassine moi-même.

» Ce mot fut répété par un journal, puis par tous les journaux. Il fut connu à l'étranger. Quand Constans arriva à Constantinople, il se trouva que son « J'assassine moi-même » avait été pris au sérieux par certains Turcs revenus d'Arménie. Constans fut donc considéré, avec une admiration mélangée de respect par ces braves gens qui, n'ayant jamais opéré que par l'intermédiaire des Kurdes, considéraient comme un maître cet homme qui opérait lui-même.

» Le Sultan, pour d'autres raisons, avait vu venir le nouvel ambassadeur de France avec satisfaction. On lui avait beaucoup vanté l'habileté de Constans à diriger la police politique. Abd-ul-Hamid, qui redoute toujours les complots, se promettait de tirer parti de la vieille expérience de Constans, de se faire donner par lui de bons « tuyaux » sur la manière de décourager les conspirateurs. Toutes ces légendes formées autour de son nom ont permis au spirituel Toulousain Constans de prendre tout de suite une grande influence, dont il a profité pour servir les intérêts français. Le Sultan le retient dans de longues audiences, le cajole, le questionne. En retour, notre ambassadeur, en obtient tout ce qu'il veut pour nos nationaux. Après M. Cambon, qui était parfait dans son poste, nous avons Constans qui n'est pas moins bon. Tout est pour le mieux pour nous dans la meilleure des Turquies.

» Berger ne prévoit pour l'avenir qu'une petite infériorité chez Constans. Cette infériorité doit résulter à la longue de son aversion pour les exigences protocolaires. Les Turcs sont des gens solennels, graves comme des Espagnols. Il leur faut des salamalecs. Constans a un laisser-aller aimable mais un peu sans-gêne et qui peut finir par ne pas leur agréer, surtout quand ils se seront aperçus que, en dépit de la légende, Constans est un bon garçon, un brave homme et qu'il n'assassine personne... » (1)

(1) Voir appencice F.

VII

LE VOYAGE EN RUSSIE

... — La grosse partie que j'ai jouée, me disait aujourd'hui Félix Faure, c'est le voyage de Russie. Il fallait obtenir, pour la France d'abord, un succès national, et pour moi, un succès personnel. L'un ne pouvait pas aller sans l'autre. Si j'avais fait four, je n'aurais pas pu arriver à la proclamation de l'alliance telle qu'elle a été faite sur le *Pothuau*. Elle n'était pas dans le programme, cette proclamation; c'est moi qui l'y ai mise au dernier moment, c'est moi qui l'y ai glissée. Nous avions l'air, la France et la Russie, d'être en bonne fortune. On nous voyait toujours ensemble, mais on disait ironiquement :

» — Ils ne sont pas mariés; c'est un caprice.

» J'ai voulu à la fin sinon montrer le contrat de mariage, au moins déclarer officiellement qu'il y en avait un, et que rien ne manquait à l'union franco-russe.

» L'initiative de cette déclaration devait venir de nous. Les Russes n'en éprouvaient pas le besoin, non qu'ils y vissent des inconvénients, mais ils n'en voyaient pas les avantages. Leur diplomatie est une affaire personnelle de l'Empereur, qui, plus qu'aucune autre des affaires de l'État, ne regarde que lui et les personnages à qui il veut bien confier ses secrets.

» Ce que l'Empereur a conclu est solide comme roc, mais n'a pas besoin de publicité, puisque le public n'a rien à voir, rien à connaître, rien à censurer ni rien à louer dans les œuvres impériales. Dans cet état d'esprit, tu comprends que les Russes n'auraient jamais pensé à nous dire les premiers : « Montrons notre acte de mariage. »

» Si la proposition de faire cet étalage avait été faite, par nos diplomates, ils n'auraient pu s'adresser qu'aux diplomates russes. Et, pour commencer, il aurait fallu niveler des montagnes d'objections :

« A quoi bon? Tout le monde sait bien

que nous sommes alliés ; pas une chancellerie ne l'ignore. A Berlin, à Vienne, à Rome, à Londres, nos engagements réciproques sont connus du premier au dernier. Partout on voit que vous nous épaulez, partout on voit que nous vous épaulons. Pourquoi dire ce que tout le monde sait? C'est inutile. Ce fracas de publicité n'est pas dans nos habitudes. Nous aimons mieux agir que parler. »

» Nos diplomates auraient répondu à ces raisonnements par d'autres raisonnements tout aussi beaux ; il y aurait eu des conversations, des notes ; il aurait fallu en référer à l'Empereur, puis en référer encore au Président de la République. La négociation durerait encore, si elle avait été menée dans les formes ordinaires. Il fallait brusquer, mais pour brusquer il fallait une occasion. En Russie je l'ai trouvée et je l'ai saisie.

» Tu sais que les toasts et les discours qui doivent être prononcés dans les cérémonies officielles sont communiqués d'avance.

» Quand le moment approcha où l'Empereur devait venir déjeuner sur le *Pothuau,* je lui fis passer le texte du toast que je me proposais de prononcer. J'y avais mis les mots fameux : « Nos deux » nations amies et alliées ». Les diplomates me trouvaient d'une dangereuse audace. Moi, j'étais tranquille. Je connaissais Nicolas. Je savais que du moment que je voulais seulement dire tout haut la vérité, il était trop loyal pour ne pas se rendre à mon désir. S'il n'avait pas eu cette droiture qui est un des caractères de son âme, s'il avait voulu voir atténuer mon texte, s'en tenir à celui de Châlons, où l'on n'avait parlé que d'amitié et non d'alliance, j'aurais pu lui demander : « Pourquoi ne voulez-vous » donc pas dire ce qui est? » Et qu'aurait-il pu me répondre? Mais je suis sûr que cette considération ne se présenta pas à l'esprit de l'Empereur. Il lut le toast, il le trouva très bien, très conforme à la vérité; il l'approuva et il s'en appropria les termes essentiels : « Na- » tions amies et alliées », qu'il répéta dans sa réponse.

» Tel est en gros l'historique des toasts du *Pothuau*. Ils furent mon œuvre. Si j'avais laissé faire les diplomates de carrière, ils m'auraient fabriqué un amphigouri. J'ai passé par-dessus leur tête. Le pays s'en est bien trouvé.

» Cet acquiescement spontané, rapide, sincère, que j'ai rencontré chez Nicolas à mon projet de déclaration de l'alliance, je l'ai dû non seulement à la conformité de ma demande avec la vérité et avec les convenances, mais encore, je puis bien le dire, à la réussite personnelle que j'avais trouvée en Russie. Cette réussite a dépassé tout ce que j'avais pu espérer.

» Rien n'était plus difficile que ma position dans cette grande monarchie absolue : je représentais un allié, mais aussi des principes politiques absolument différents de ceux d'où procède le gouvernement russe. Pour l'honneur de la France et pour sa propre dignité, il fallait qu'on ne pût relever dans mes allures ni de l'embarras ni de l'effronterie : je ne devais porter ni le chapeau bas, ni le chapeau sur l'oreille. Il y avait un juste milieu : si j'ai pu m'y placer et m'y tenir, je le dois à mon éducation pratique qui a fait de moi tout autre chose qu'un homme timide, mais en même temps un homme réservé; je le dois encore à l'exquise bonne grâce de Nicolas, et enfin au sentiment que j'avais que tout impair de ma part serait reproché à la France.

» Faire une faute de goût, manquer si peu que ce fût au tact dans des circonstances aussi graves, alors que toute l'Europe avait les yeux sur moi et ne demandait qu'à se moquer, ç'eût été manquer à mon devoir. Ce n'est pas de moi seul que l'on aurait ri, c'est aussi, c'est surtout de la République et de la France.

» Les rois, les princes, se visitent entre eux, ils composent une grande famille. Les honneurs qu'ils échangent vont à leurs personnes autant qu'aux peuples auxquels ils appartiennent; si un prince commet quelque faute, on est porté à l'excuser, par solidarité monarchique; on fait le silence sur ses bévues: elles lui sont personnelles. Mais moi! je n'étais pas de la famille, on n'aurait pas eu pour moi l'indulgence que l'on a pour un parent gaffeur. Nicolas n'était pas venu chez nous pour le seul plaisir de faire ma connaissance; il ne recevait pas ma visite pour le seul plaisir de reprendre nos conversations interrompues depuis la revue de Châlons.

» C'est à la France, à la démocratie française qu'il avait fait visite en 1896, et c'est non pas un cousin, non pas un allié dynastique, non pas un frère au sens monarchique du mot, mais le représentant de la démocratie française qu'il recevait en 1897. Sans cette représentation, je n'étais rien. Tous les honneurs qu'on me rendait allaient à la France bien plus directement que ne vont, par exemple, à l'Allemagne ou à l'Autriche les honneurs rendus à Guillaume ou à François-Joseph. Par leurs origines seules, ils ont droit à une grande part de ces honneurs. Je n'étais admis, moi, avec mon habit noir, dans une Cour où on n'en avait jamais vu, que parce que je venais au nom de la France.

» Je n'avais même pas, comme certains de mes prédécesseurs, comme Thiers ou Mac-Mahon, une illustration personnelle antérieure à mon élévation à la présidence.

» On ne me connaissait pas en Europe. Deux jours après mon élection, le prince de Bulgarie, dont j'ai fait depuis la connaissance et qui est un des princes les plus intelligents et aussi les plus aimables qui soient, se trouvait par hasard à la gare frontière de ses Etats à l'arrivée de l'Orient-Express : il voit descendre du train un Français auquel il avait précédemment accordé une audience et qui allait à Constantinople. Il fait appeler le voyageur et, avant même d'avoir reçu son compliment, il lui pose à brûle-pourpoint cette question :

» — Qu'est-ce que c'est que Félix

Faure ? Je n'en ai jamais entendu parler.

» Ma notoriété, qui était grande au Parlement, n'était pas éclatante dans le pays et n'avait pas franchi les frontières avant que je ne fusse Président.

» Dans le voyage de Russie, n'ayant donc pour me soutenir ni le prestige d'une illustre origine, ni le prestige d'un grand nom, je ne valais que par ma fonction : tout ce que je ferais de bien serait porté à l'actif de la France : « Tiens, » dirait-on, « ces républicains » ne sont vraiment pas maladroits et » savent vivre ; » toutes mes gaucheries seraient retournées contre la France : « Quels balourds que ces républicains ! » aurait-on dit. J'ai éprouvé alors combien la conscience d'un grand devoir à accomplir soutient un homme, l'aide à se tenir droit, peut l'élever à la hauteur de circonstances nouvelles pour lui.

» Dès le début il fut visible que je faisais bon effet sur les Russes. C'est bête ce que je vais te dire, mais c'est vrai : ma haute taille, mon apparence d'homme solide m'ont servi dans ce pays où il y a tant d'hommes grands. Si j'avais été un petit vieux rabougri, je n'aurais pas produit sur les foules slaves la même impression.

» Le monde politique, qui ne juge pas sur d'aussi vaines apparences, montra tout de suite la plus grande déférence. Mais je sentais la surveillance. On voulait voir comment avec mon chapeau à haute forme et mon frac j'allais manœuvrer parmi tous ces casques et tous ces uniformes dorés. Le terrain était glissant.

» Tout alla bien pour commencer. L'Empereur était plein de cordialité simple. Mais les autres, beaucoup de Russes et tous les étrangers, m'attendaient au cercle. J'avais à « tenir un cercle ». Tous les ambassadeurs et les dignitaires de l'empire allaient m'être présentés. A chacun il fallait dire un mot, le mot juste, bien nuancé selon le personnage, selon sa qualité. Les princes ne sont pas embarrassés dans de telles cérémonies, parce qu'on les y prépare dès leur enfance. Mais moi ! je n'avais pas d'entraînement dans ce sport.

» C'est là qu'on me guettait. J'ai su que Montebello, notre ambassadeur, n'était pas sans inquiétude. Il savait bien que tous ses collègues des autres ambassades auraient été ravis d'envoyer à leurs Cours un compte rendu du cercle, dans lequel ils auraient pu représenter le Président de la République ahuri, intimidé, répondant à tort et à travers. Ils auraient bien voulu, ces bons diplomates, procurer à leurs souverains et à leurs ministres un moment d'hilarité aux dépens de ce monsieur Faure qui avait entrepris de faire donner à la République, dans le beau monde, la place à laquelle la France a droit. Eh bien! ils en sont tous restés sur leur faim, ces bons voisins. Je ne leur ai pas donné le moindre prétexte d'exercer leur ironie.

» Le cercle fut tenu dans la perfection. Quand ce fut fini, j'avais passé le pont aux ânes. Montebello rayonnait. Pendant le défilé, j'avais eu autant d'aisance qu'en te parlant. J'ai su que Nicolas avait été enchanté de mon succès. Il a tant de loyauté et tant de bonté qu'il aurait éprouvé une vraie peine si son hôte avait commis quelques-uns de ces petits impairs qui donnent de l'aliment à la médisance des courtisans.

» Il est vrai qu'entre l'Empereur et moi les relations n'avaient pas un caractère exclusivement officiel. Elles étaient, depuis le voyage en France, empreintes de confiance personnelle. Nicolas ne nous connaissait pas très bien avant de venir nous voir. Il a été certainement surpris de nous trouver tels que nous sommes. Je me souviens d'un mot de lui. C'était dans un hôpital. Je m'approche du lit d'un soldat malade. Je lui dis des paroles d'encouragement. On les lui traduit. Le pauvre garçon se met à pleurer.

En nous éloignant du lit, l'Empereur me regarde en souriant et me dit :

» — C'est étonnant comme vous savez parler aux soldats.

» J'ai retenu l'anecdote, qui en elle-même ne serait pas d'un intérêt palpitant, parce qu'elle révèle l'idée que l'on s'est faite pendant longtemps à l'étranger d'un Président de la République française : un bonhomme qui n'a rien à faire, que donner des signatures. J'ai réagi contre cette légende.

» On m'a doucement blagué parce que je ne perdais jamais une occasion d'entrer en relation avec les souverains et les princes étrangers. Dans certains journaux, on prétend que je singe la monarchie. Je ne singe personne.

» Je fais mon métier qui est de représenter la France le mieux que je peux, de la représenter aimable et digne sous sa forme républicaine comme elle l'était sous les anciens régimes. Dissiper les préjugés qu'on a contre nous, nous montrer sociables sans humilité, faire respecter la République en la parant autant que j'ai pu des grâces naturelles de la France, c'est un devoir auquel je n'ai pas manqué. En m'attachant avec persévérance à le remplir, j'ai servi. Etre utile au pays, je n'ai jamais eu d'autre but. En Russie, ce but a été atteint en plein. Je puis dire que là j'ai mis dans le mille. On l'a vu par les toasts, on s'en apercevra bien encore en 1900, pendant l'Exposition..... » (1)

(1) Voir appendice F.

VIII

LA NOBLESSE ET LES RALLIÉS

... Félix Faure m'a donné aujourd'hui le livre qu'il a fait faire sur Rambouillet. Nous l'avons feuilleté ensemble. Je lui ai fait remarquer qu'il s'y trouvait peut-être un peu trop de portraits de lui.

— Il y en aurait trop, m'a-t-il dit, si c'était une publication officielle ou destinée à être mise en vente. Mais ce livre est réservé absolument à mes amis. Tous les exemplaires portent en imprimé cette formule : *Offert par le Président de la République à M...* On écrit le nom à la main. Regarde : ton nom y est. Tu comprends bien que si j'offre à mes amis un souvenir de moi, je veux qu'il leur parle de moi. Si je te donne une photographie, il faut que ce soit ma propre photographie. Si je t'offre celle de Brisson ou celle de Loubet, ça n'a aucun sens.

» Lis du reste le livre : tu verras qu'il n'a aucun caractère officiel. J'y ai fait mettre tels paragraphes — celui sur Mme d'Uzès par exemple — qui montrent bien que cet ouvrage est exclusivement composé pour ne pas sortir d'un cercle très restreint.

» Tiens, voici justement ce qui concerne la duchesse d'Uzès. »

Et le Président lut à haute voix ces quelques lignes, que je transcris parce qu'elles servirent de point de départ à la conversation :

» On ne peut parler aujourd'hui de la forêt de Rambouillet sans saluer au passage la grande et sympathique figure de la duchesse d'Uzès, qui en fait partie intégrante, tant elle l'aime et tant elle l'habite souvent, y faisant revivre depuis bientôt trente ans les grandes fêtes cynégétiques d'autrefois.

» Aucun équipage royal ou impérial, à aucune époque de l'histoire de Rambouillet, n'a, autant que l'équipage de Bonnelles, mené par la même main, couru les grands animaux à travers les massifs, entraîné à sa suite plus de veneurs heureux et reconnaissants, mené à la mort aussi plus de victimes vers les étangs de la forêt. Aucun, non plus, n'a sans doute répandu autant de bienfaits avec une délicatesse aussi claivoyante qui donne la mesure du cœur.

» Aussi elle est adorée, la « Duchesse », et elle passe au galop de son cheval à travers la forêt, laissant derrière elle des traces ineffaçables tant elles sont profondément imprimées dans le sol, surtout aux abords de l'humble maison forestière et près de la hutte des bûcherons. »

Il s'arrêta et me regarda :

— Tu as raison, lui dis-je, de ne pas faire de bruit autour de jugements tels que celui-là. Si certains orthodoxes du parti républicain t'entendaient, tu passerais plusieurs mauvais quarts d'heure.

— Je le sais bien. Déjà, après l'inauguration du monument d'Emile Augier à Valence, il y a des purs qui ont crié. Ils m'avaient trouvé trop poli avec la duchesse d'Uzès! Tu sais qu'elle est l'auteur du monument. Je me suis conduit avec elle comme je le devais envers une femme de grand cœur et une artiste de talent. Des journalistes ont clabaudé. Si les Chambres n'avaient pas été en vacances, ce pauvre Méline aurait peut-être reçu une interpellation de plus sur la tête.

« Mais tant pis! Pour complaire à quelques grincheux ou à quelques faux austères, je n'allais pas, bien sûr, faire le malotru. Les censeurs moroses ont crié dans le vide. Tout le public a trouvé que j'avais bien fait, car c'est une figure populaire que celle de la duchesse. Tu la connais. C'est une femme rare. Elle a quelque chose qui ne court pas les rues : un caractère.

» Ce qu'elle a fait sous le boulangisme était désagréable pour le parti républicain. Mais, à le considérer sans parti pris politique, en lui-même, et abstraction faite des résultats qu'il aurait pu avoir, son acte est très beau. Donner une fortune pour le succès de sa cause, la donner sans aucune garantie, quel homme aurait fait cela, quel homme a fait cela ?

» Remarque que la duchesse, en fournissant les moyens de combattre les républicains, n'était certainement pas animée par la haine contre les personnes. Elle ne voulait faire proscrire personne.

Elle était de bonne foi, convaincue que la France se trouverait bien du succès du général. Elle a voulu aider au succès. Qu'elle se soit trompée, je n'en doute pas. Mais ses intentions, pour moi comme pour tous ceux qui la connaissent, étaient élevées. C'est une bonne Françaiseet une vraie grande dame, sans aucun esprit de caste, sans aucune morgue. Elle ne dit jamais de mal de personne; jamais une moquerie; et une indulgence! il n'y a pas une défaillance à laquelle elle ne cherche une excuse, une explication atténuante. Ah! c'est une bonne femme.

» A Valence, j'ai été très heureux de trouver une occasion de témoigner publiquement de mon respect pour elle, je suis très content que ce livre m'ait fourni une autre occasion de lui renouveler ce témoignage. Je crois d'ailleurs que nous avons intérêt, nous les républicains, à travailler au rapprochement des différents éléments nationaux. Pourquoi resterions-nous grondeurs et maussades devant les représentants de l'ancienne aristocratie? Il y a là des forces à prendre et à utiliser. Jusqu'à présent ces forces se sont refusées. Mais c'est le devoir d'un parti comme le nôtre, qui se confond avec la nation, de faciliter les conversions, de recruter sans cesse dans les rangs de ses anciens adversaires.

» Il faudrait, bien entendu, qu'ils commençassent par désarmer. On ne peut pas appeler à soi des gens qui prétendent vous chasser de la maison. Ce désarmement finira par se faire. Les familles de l'ancienne noblesse, qui sont attachées par des souvenirs aux prétendants doivent bien comprendre que leur attente de restauration est parfaitement vaine.

» On ne peut pas renverser la République. Je suppose même qu'une Chambre monarchique arrive demain au Palais-Bourbon : il y aurait toujours le Sénat républicain, le Président républicain ; l'administration républicaine et tous les intérêts que la République a créés et que sa chute ruinerait. Il y aurait encore le peuple des grandes villes. Que feraient trois cent cinquante députés contre toutes ces forces ?

» En pleine paix, on peut renverser une monarchie, parce que la monarchie c'est le monarque : on le met dans un fiacre, et tout est dit. Mais la République est partout et elle n'est nulle part. Elle est éparpillée dans tous les pouvoirs publics et n'est concentrée dans aucun. C'est comme une société anonyme, la République. Une société anonyme fait de mauvaises affaires : elle dépose son bilan. Aucun de ses membres, s'il n'y a pas fraude mais seulement mauvaise administration ou malchance, n'est touché dans son honneur. La monarchie, au contraire, c'est comme une maison de commerce particulière dont le patron est personnellement responsable. Il est très difficile de faire sauter une République comme la nôtre, car on ne sait pas par quel bout la prendre, elle a trop de bouts. Une monarchie, au contraire, on l'attaque dans le monarque qui est une grosse cible où tous les coups portent et laissent des traces visibles.

» La République ne pourrait s'effondrer que dans un désastre national.

» Alors la France irait peut-être se jeter dans n'importe quels bras ; mais, même parmi les plus endurcis monarchistes, en est-il un seul qui voudrait payer de la ruine du pays la restauration de son roi ou de son empereur?

» N'ayant aucune chance de persuader à la France qu'elle doit faire pour eux une révolution et n'ayant pas les moyens de la faire eux-mêmes, les partisans des anciens régimes en viendront bien, un jour ou l'autre, à se rallier. Quand ils se seront résignés d'abord, puis quand leur résignation se sera changée en adhésion sincère, nous serons dans une position bien meilleure. Nous aurons les deux partis indispensables pour le jeu de bascule du gouvernement : un fort parti républicain progressiste et un fort parti républicain conservateur.

» Ce parti conservateur ne pourra prendre à son tour le pouvoir qu'autant qu'il sera républicain, qu'autant qu'il acceptera la Constitution et qu'il aura pu faire croire à sa sincérité républicaine. Il ne faudrait donc pas que les ralliés restassent en coquetterie avec les calomniateurs professionnels du parti républicain, qu'on les trouvât, dans toutes les crises, à côté des ennemis irréductibles du parti républicain. Le ralliement sincère des monarchietes — un ralliement aussi sincère que celui des amis de Thiers après la guerre — permettrait de former dans la République un grand parti conservateur qui par sa masse, par sa puissance, exercerait une attraction sur le centre actuel. Il y aurait ainsi une forte barrière contre les entreprises des socialistes.

» Je voudrais, dans la mesure où je puis agir, aider à la fusion de tous les Français dans la République. Je ne puis rien faire que des politesses : je n'y manque pas, quand ce doit être sans inconvénient. Il faudrait persuader à ceux qui ne sont pas encore venus à nous que nous ne sommes pas aussi rébarbatifs, ni aussi sectaires, que leurs journaux le leur disent; qu'après tout on peut vivre avec nous, que la République n'est méchante que quand on l'attaque, — et encore elle ne l'est guère. Des avances comme celles qu'il m'est agréable de faire à des personnes telles que madame d'Uzès ne sont pas seulement des actes de courtoisie, ce sont aussi des actes de politique. Ils donnent à réfléchir dans un monde où la République est méconnue et où il y a certainement des hommes que la République aurait intérêt à rallier à elle pour les employer au service du pays.

» On a dit que Gambetta avait songé à faire du duc d'Aumale un ambassadeur en Russie. C'eût été un coup de maître. Gambetta avait l'âme assez noble pour former un tel dessein, et assez de force pour le réaliser. Quelle sonnerie de ralliement c'eût été ! Nous n'aurions pas aujourd'hui assez de puissance pour mettre un duc d'Aumale, si nous en avions un, au service de la République.

Nous avons donné le maximum de ce qui nous est possible le jour où nous avons décoré le fils du duc de Chartres.

» Et encore j'ai pu signer ce décret, qui m'a fait grand plaisir, parce que j'avais alors pour premier ministre Bourgeois.

» Avec Bourgeois les grincheux ne bougonnaient pas trop. Si c'était Méline qui eût donné au prince Henri d'Orléans cette croix si bien méritée, il aurait soulevé des tempêtes. On l'aurait accusé de pactiser avec l'ennemi. Mais s'il est trop tard pour faire des actes à grand retentissement comme l'eût été l'envoi du duc d'Aumale en Russie avec une commission de la République, nous pourrions trouver parmi les descendants des familles de l'ancienne noblesse des hommes de talent parfaitement utilisables. J'en connais qui se morfondent dans une stérile oisiveté et dont un gouvernement pourrait tirer très bon parti. Pourquoi n'entrent-ils pas dans la République, pour y servir la France ? Pourquoi n'avons-nous qu'un Noailles et qu'un Montebello dans nos ambassades ?

» On ne demanderait pas aux conservateurs d'adhérer au programme de Jaurès. Au contraire, ce qu'on attendrait d'eux c'est de renforcer la résistance contre les révolutionnaires. Mais leur renfort ne peut pas être efficace, s'ils ne commencent par accepter la Constitution républicaine. En se cantonnant dans leur intransigeance monarchique, ils compromettent les républicains modérés auxquels ils accordent leur appui, découragent les meilleures volontés et font le jeu des socialistes.

» La bouderie de la République par les conservateurs est regrettable, parce qu'elle prive le pays d'éléments de force; elle est encore stupide. Voilà des gens qui se plaignent que la République ait une physionomie qui leur déplaît : il dépendrait d'eux de venir changer cette physionomie, et ils préfèrent continuer leur bouderie! A coup sûr s'ils se ralliaient sincèrement, les anciens républicains ne les laisseraient pas faire une république réactionnaire ; mais ils empêcheraient les radicaux et les socialistes de faire une république tracassière et sectaire. Comment ne comprennent-ils pas leur intérêt et leur devoir, — leur devoir envers le pays et envers eux-mêmes?

» Moi, je ne puis rien que m'efforcer de faire comprendre que la porte n'est fermée à aucun de ceux qui s'y présenteront avec des intentions loyales. Mon vif désir serait, en 1900, de pouvoir montrer aux souverains et aux foules qui nous visiteront tous les éléments de la société française réconciliés dans la République ; je voudrais voir autour du Président, dans les salons de l'Élysée, devenu la Maison nationale, les membres du Conseil municipal de Paris et ceux du Jockey, la duchesse d'Uzès et les délégués de la Bourse du travail, toute la France pour recevoir toute l'Europe. Ce serait plus beau que tous les édifices de Picard... » (1,

---

(1) Voir appendice H.

IX

LES JOURNAUX, LES JUIFS

... — Aujourd'hui, m'a dit en riant Félix Faure, j'ai intrigué. Je me suis livré à une petite manœuvre auprès d'un journaliste. C'est le directeur du *Petit Parisien*, Jean Dupuy, le sénateur. Je l'ai vu et je lui ai demandé pourquoi son journal semblait éviter systématiquement de parler de moi. Il m'a répondu que je me trompais. Je ne me trompais pas du tout.

» — Voyez le *Petit Journal*, ai-je insisté, jamais il ne laisse passer une occasion de parler du Président de la République. Je serais heureux que le *Petit Parisien* voulût bien être aussi aimable que le *Petit Journal*. D'abord, il me serait agréable d'avoir à vous remercier souvent ; en second lieu, et c'est là la raison sérieuse, il y a un grand intérêt à faire bien connaître le Président aux populations, à le fortifier. Il peut venir des circonstances où tout le monde pourrait se féliciter d'avoir un Président jouissant de la confiance générale.

» Jean Dupuy m'a quitté en me renouvelant l'assurance que dans l'avenir il ne négligerait pas plus que dans le passé l'occasion de parler du Président. Ce sont là des paroles de politesse et ce n'est pas une adhésion. Il ne m'a pas compris, ou, s'il m'a compris, il ne veut pas marcher. Et dame ! s'il ne veut pas, il n'y a pas de moyen de le faire vouloir. C'est un homme très fort que Jean Dupuy, et sur lequel on n'a pas de prise. Il n'a besoin de rien et il obtient tout ce qu'il veut des ministres. Je regrette beaucoup cette froideur du *Petit Parisien*. Après le *Petit Journal*, c'est le géant de la presse.

» Marinoni est tout à fait avec moi. C'est un ami entre tous. Si Jean Dupuy était dans les mêmes dispositions, je serais parfaitement content. Ces journaux populaires à tirage énorme sont des forces irrésistibles quand on sait les manier à propos. Ils sont forts parce que leur clientèle n'a pas d'opinion préconçue.

» La presse est impuissante, je crois, à changer l'opinion d'un homme qui en a déjà une, mais elle est toute-puissante pour donner une opinion à un homme qui n'en a pas, qui ne sait pas s'en former une tout seul. Être attaqué ou loué par les journaux de parti pris, c'est presque indifférent. On sait d'avance, en politique, avant d'avoir fait un acte, quels journaux vous blâmeront et quels journaux vous approuveront. Le public pour et le public contre s'équilibrent à peu près. L'essentiel est d'impressionner favorablement les lourdes masses étrangères aux passions de parti, les foules qui raisonnent peu, parce qu'elles n'en ont pas le temps, qui ne s'ébranlent que sous des secousses violentes, à qui les menus faits de la politique sont indifférents.

» Les journaux qui pénètrent dans ces couches profondes, qui peuvent les émouvoir, sont des forces nationales, les autres ne sont que des forces de parti. Un ministère a besoin d'un certain nombre de journaux de parti pour faire contrepoids aux journaux de ses adversaires. Un régime et un chef d'État, qui par sa fonction est au-dessus de tous les partis, ont besoin de ces puissants journaux que j'appelais tout à l'heure des forces nationales, parce qu'ils agissent sur le noyau même de la nation.

» Leur couleur politique peu accentuée, leur modération, même leur grisaille voulue plaisent aux esprits lents et médiocrement imaginatifs des foules. Dans ces esprits on peut faire pénétrer toutes les idées qu'on veut, à condition de répéter très souvent les mêmes mots. Quand dans les couches basses du public il se fait un mouvement, c'est formidable, comme les lames de fond de la mer.

» D'ordinaire, c'est de l'eau dormante; quand ça s'agite, c'est de l'ouragan; tout danse, tout saute, tout sombre.

Marinoni en prenant Judet et en lui laissant faire sa politique ardente a certainement changé quelque chose dans la politique. Il a secoué et fait un peu sortir de leur torpeur les lourdes masses de son public; il a amené à la politique des bataillons qui avaient coutume d'attendre la fin du combat pour se porter au secours du vainqueur.

*
* *

» Il y a bien d'autres journaux à Paris et en province qui pénètrent dans le peuple. Mais ils ont un caractère plus politique que le *Petit Journal* et le *Petit Parisien*. Ils sont ou trop cléricaux ou trop anticléricaux, radicaux ou modérés. Ils ont des amis ou des ennemis déclarés. Ce qui fait la force incomparable de Marinoni et de Jean Dupuy, c'est leurs airs de neutralité, d'indépendance. Aussi quand ils se portent à droite ou à gauche, leurs multitudes les suivent — et d'autant mieux qu'ils ne se remuent pas souvent, et seulement quand il y a de graves intérêts nationaux ou politiques en jeu.

» Il ne faut pas demander aux millions de bonnes gens qui lisent les journaux à feuilletons de se passionner pour des détails. Dans ces âmes simples, il y a quatre ou cinq cordes à faire vibrer : la patrie, l'armée, l'honnêteté, la tranquillité publique. Hormis cela, tout le reste en politique les laisse froids comme neige. Je crois qu'il serait bon de les intéresser aussi à la Présidence, qui représente, qui incarne pour les masses la République. Le *Petit Journal* et le *Petit Parisien* marchant bien d'accord, parlant à l'unisson, conduisant leurs foules au même but, voilà qui ferait une puissante machine.

» J'y pense souvent, et en réfléchissant à la presse, en voyant en quelles mains sont répartis les grands journaux, je trouve un argument irréfutable contre les antisémites. Ils disent que la France et la République sont dominées par les juifs ; c'est leur thèse.

Eh bien, les juifs n'ont pas un seul grand journal. Ils sont riches et depuis le temps qu'on les attaque, ils auraient pu acheter ou faire acheter des paquets d'actions ou des parts de propriété dans les journaux à pénétration profonde. Ainsi pourvus ils se seraient défendus ou mieux encore ils auraient fait le silence sur les attaques de leurs ennemis. Ils n'ont pas pris ces précautions élémentaires. Ils sont désarmés. Il n'y a pas un grand journal, pas un, qui soit dans leurs mains.

La prétendue omnipotence des israélites en politique est une légende puisqu'ils ne tiennent pas le seul instrument par lequel on puisse vraiment influencer le pouvoir : la presse.

Cette légende est de la même famille

que les bruits fabuleux qui courent sur les Jésuites et les francs-maçons.

» Ces deux épouvantails, le Jésuite et le franc-maçon, ont dû s'engendrer l'un l'autre, tant ils se conservent soigneusement la vie en se dénonçant, en s'invectivant, en se menaçant, en s'excommuniant réciproquement. Le franc-maçon accuse le Jésuite de conspirer contre la société et contre la patrie, d'avoir son Pape à Rome, à l'étranger ; par réciprocité, le Jésuite accuse le franc-maçon de désagréger les forces sociales et nationales, de recevoir les ordres d'un grand-maître qui est Italien. Le Jésuite voit partout la main du franc-maçon, le franc-maçon sent partout l'odeur du Jésuite. Blague des deux côtés.

» Des deux côtés, ce que je vois, ce

sont des sectaires assommants. Quant à leurs conspirations et à leur influence, c'est bon à mettre dans des romans-feuilletons. Voyons la République : c'est un cliché réactionnaire que de dire qu'elle est une République maçonnique. Si parmi les républicains il en est un qui soit sympathique aux francs-maçons militants, c'est bien Brisson.

» Il est très appuyé par le personnel dirigeant des Loges. Eh bien ! quoique la plupart des républicains de la Chambre et du Sénat, même les modérés, fassent partie de la maçonnerie, jamais Brisson n'a pu réunir l'unanimité de leurs voix pour se faire élire Président. Cette fameuse influence des Loges, cette influence ténébreuse et irrésistible, qui s'exerce par des mots d'ordre toujours obéis, n'a pas pu décider les républicains francs-maçons de la nuance modérée à voter pour Brisson. Beaucoup même ont voté contre lui, au moins au dernier Congrès.

*
* *

» Nous étions tous d'accord pour écarter Brisson de la Présidence, parce que nous craignions ses opinions trop radicales. Si j'avais eu moins de voix que Waldeck, les modérés maçons et moi tout le premier, nous aurions voté pour Waldeck qui, je crois, n'est pas franc-maçon — s'il l'est je n'en sais rien — contre le franc-maçon Brisson. Tu vois donc bien que la discipline et la mystérieuse puissance de la maçonnerie sont une fable, comme l'action souterraine et invisible des Jésuites en est une autre.

» La franc-maçonnerie peut servir à lancer un jeune homme. Les Loges sont des parlotes. Comme dans toutes les coteries, il s'y trouve deux ou trois boute-en-train et du personnel passif, des muets qui trouvent tout bien, des applaudisseurs. Les meneurs doués de bagout et d'entregent se servent de la petite influence qu'ont les autres pour se pousser dans quelque Conseil municipal. Le grand orateur de la Loge devient vite le grand orateur du canton. Mais là s'arrête, ou à peu près, la puissance maçonnique.

» Pour entrer à la Chambre, il ne suffit pas d'être poussé par une loge, il faut une certaine position sociale, de certains moyens d'action, un concours de circonstances qui ne dépendent pas de la qualité de maçon. Cette qualité vous protège contre les clabauderies de certaines petites coteries, vous attire quelques sympathies, mais elle vous vaut dans le camp adverse des inimitiés qui font largement contrepoids.

» Dans toute ma carrière politique, je n'ai jamais vu une nomination à un poste élevé qui pût être attribuée à l'action maçonnique. J'ai lu quelquefois que Doumer n'avait décroché le gouvernement de l'Indo-Chine que parce qu'il était maçon. C'est faux. Doumer nous ennuyait avec son impôt sur le revenu. Il allait de ville en ville, faisant une agitation désagréable. Cochery, ministre des finances, eut l'idée de lui faire offrir un poste où il pourrait se signaler par de grands services. Comme Doumer a beaucoup de mérite, Méline approuva l'idée. On fit donc des ouvertures à Doumer, qui les accepta. Mais on les lui fit non pas pour plaire aux francs-maçons, mais pour écarter un agitateur et le transformer en utile administrateur.

» Quant à moi, la maçonnerie ne m'a servi à rien. Je n'ai jamais connu ce qu'on appelle son joug. Jamais un de mes votes n'a été influencé par les Loges.

» Quand j'ai repoussé la loi d'exil contre les princes, j'étais évidemment en désaccord avec la plupart des autres députés francs-maçons ; mais personne ne s'avisa de m'accuser de manquer à une discipline qui n'existe pas. Il y a pourtant une circonstance où je me suis bien trouvé d'être franc-maçon. J'ai dû te raconter déjà l'anecdote. Si tu la connais, arrête-moi. Je revenais de Grèce et j'étais en Italie avec Émile Gebhart, de l'Institut. J'avais fait sa connaissance à Athènes.

» Dans une ville, nous trouvons une gare encombrée, le train plein à déborder. Nous ne savions où nous placer. Je ne sais pas pourquoi, mais, apercevant le chef de gare, je lui fis un signe de reconnaissance maçonnique. Il me répond du tac au tac, et vient à nous. C'était un frère.

» Je me nomme ; il devient de plus en

plus aimable et il nous fait ouvrir un compartiment réservé. Au lieu d'être maçon, j'aurais été évêque que sans aucun doute ce brave chef de gare n'eût pas mis moins d'empressement à m'obliger. Mais il ne faut pas être ingrat : je dois à la maçonnerie d'avoir pu offrir à Gebhart un bon coin en chemin de fer. C'est la seule fois qu'il m'ait été donné d'éprouver la « toute-puissance » des Loges (1)... »

(1) Voir appendice I.

X

LES ALLEMANDS ET LES ANGLAIS

... — Je me suis, m'a dit Félix Faure, réconcilié avec Alphonse Humbert. Nous étions brouillés depuis la formation du ministère Brisson.

» Après la chute de ce pauvre Méline, j'avais demandé à Humbert de soutenir Brisson, s'il arrivait à former un cabinet. Humbert avait dit non, résisté à toutes mes instances, refusé de se rendre à aucun raisonnement; il était parti brusquement, et nous ne nous étions même pas donné la main ; depuis, je ne l'avais pas revu.

» L'autre jour, il est revenu avec Gervex, Jean Béraud, Tony Robert-Fleury, qui voulaient me rappeler la promesse d'une croix que je leur avais faite l'an dernier pour le peintre Louis Dumoulin. J'avais promis parce que Dumoulin n'a pas seulement beaucoup de talent, mais parce qu'il est très intelligent et très gentil. Je vais donc tenir ma promesse. Dumoulin aura sa croix. Ses amis sont partis enchantés.

» Derrière les autres, Humbert est resté un instant, et tout de suite, je dois le dire, nous avons recommencé à nous chamailler à propos de sa satanée politique anglophobe. Humbert est un homme qui m'étonne beaucoup. En politique intérieure, c'est la clairvoyance même. Il n'a aucun parti pris, il est libéral, conciliant, pratique, inspiré véritablement de l'esprit national.

» C'est un adversaire loyal et un ami sûr. Je ne t'ai pas dit comment je m'étais lié avec lui : il avait combattu très vivement contre moi pour Brisson, oui pour Brisson qui devait être cause d'une brouille entre nous. Il était, dans l'élection présidentielle, un brissonien enragé. Le lendemain, pendant que beaucoup de radicaux — et entre autres un de mes ministres actuels — continuaient à jeter feu et flammes contre moi, Humbert évoluait, disant sans réticence, écrivant dans son journal que le devoir de tous les républicains était de se serrer autour de moi. Puis il est venu à l'Elysée, où je l'ai apprécié surtout pendant la campagne des maîtres chanteurs contre moi.

» Tu te souviens que quelques drôles s'étaient imaginé qu'en salissant les miens, en faisant pleurer des femmes, ils me dégoûteraient et me forceraient à démissionner. Il était utile pour moi d'avoir tout le parti républicain. Il fallait lui faire comprendre que ce n'était pas M. Faure que l'on avait en vue, mais le Président de la République; qu'on voulait atteindre en moi le magistrat, et à travers moi le régime. Humbert fit activement d'un côté ce que notre ami Hugues Le Roux faisait de l'autre. Il se chargea, lui, de montrer aux socialistes leur intérêt et leur devoir dans ces circonstances. Jaurès, mis en goût de la chair présidentielle par le succès qu'il avait eu contre Casimir-Perier, voulait marcher contre moi. Par Millerand qui voyait les choses avec plus de sang-froid, avec moins de romantisme batailleur, Humbert finit par calmer Jaurès.

» La *Petite République* non seulement ne marcha pas avec les calomniateurs, mais fit front contre eux avec tous les journaux républicains. Tu penses bien que je n'aurais pas plus capitulé devant les attaques de Jaurès que devant les attaques des autres ; rien ne m'aurait fait oublier mon devoir envers les miens, envers moi, envers la République, mais il valait mieux à tous égards que ces immondes calomnies ne trouvassent pas de propagateurs dans le parti républicain. Je dois à Humbert la neutralité presque bienveillante des socialistes. Je lui sais grand gré de s'être si bien conduit pendant cette crise.

» Eh bien, l'autre jour, Humbert avait à peine pris le temps de me dire que sa bouderie était finie, que déjà il m'adressait une véritable interpellation sur les affaires de l'Afrique orientale ! Oui, là-dessus !

» Je ne sais qui a pu lui dire que les Allemands nous avaient fait des propositions relatives à un arrangement à faire au sujet des territoires portugais. Toujours est-il qu'Humbert m'a dit :

» — Ils en font de belles, vos ministres, monsieur le Président ! Ils ont repoussé la proposition de l'Allemagne, ils sont cause qu'elle s'est retournée vers l'Angleterre ; ce sont eux les auteurs indirects de cette convention anglo-allemande qui finira par donner Laurenço-Marquès aux Anglais...

» Je n'ai pas discuté avec Humbert : avec lui, quand il s'agit des Anglais, on ne peut pas raisonner ; il est aussi buté sur une idée fixe en politique extérieure qu'il a l'esprit ouvert et avisé en politique intérieure. C'est un contraste incompréhensible. Je lui ai dit que nous n'avions pas accepté les propositions allemandes parce qu'elles étaient subordonnées à de certaines conditions qui ne nous plaisaient pas.

» La vérité, c'est que nous ne voulons pas nous aventurer dans un guêpier. Si les Portugais doivent se dessaisir un jour de Laurenço-Marquès, l'Angleterre a un droit de préemption sur ce territoire; ce droit lui a été attribué par un arbitre qui s'appelait le maréchal de Mac-Mahon. Je ne vois pas ce que nous irions faire dans cette région où nous n'avons pas un pouce de terrain, où rien n'est plus à prendre et où, si des territoires devenaient vacants et si nous les occupions, nous nous trouverions en contact et par conséquent en nouvelle rivalité avec l'Angleterre. Je ne suis pas anglophile ni anglophobe. — Les partis pris pour ou contre un pays sont puérils.

» En politique, comme en affaires, il ne faut pas se faire de ses concurrents des ennemis; on ne doit pas oublier qu'un moment peut venir où on aura une opération à conduire ensemble, où on aura besoin de se voir, de se parler, de se comprendre, de s'associer même. On doit donc toujours prendre garde à ne pas rendre par de vilains mots ou de mauvais procédés ces rapprochements impossibles.

» Avec les Anglais plus qu'avec personne, la prudence commande de jouer serré, de ne pas avoir d'abandon, de répondre toujours du tac au tac, de se montrer vigilants et forts. C'est le meilleur moyen de se faire respecter par eux et de rester leurs bons amis. Cette politique-là est pratique, c'est de la politique de bons résultats, car c'est toujours un bien que d'affermir la paix. Les Français comme ce brave Humbert que tourmente le cauchemar anglais ne voient pas ces choses avec le même sang-froid. Leur politique est une politique de passion et non pas une politique d'affaires. Voilà les Anglais! et ils foncent sans plus réfléchir.

» Je connais bien les Anglais ; il y a évidemment encore, dans le fond de leur nation comme dans le fond de la nôtre, un vieux levain d'animosité nationale dû à des souvenirs historiques. Mais la rivalité que redoutent les Anglais la rivalité économique, la concurrence à leurs industries et à leur commerce, ce n'est plus chez nous qu'ils la trouvent, c'est chez les Allemands. Nous ne menaçons plus les Anglais dans leur suprématie économique. La cause naturelle de froissements entre nous et eux a donc presque disparu, puisque les intérêts matériels des deux peuples ne se contrarient presque plus.

» Ce qui fait les malentendus entre la France et l'Angleterre, ce sont des restes de préjugés et de vieilles rancunes. Pour ne pas envenimer les difficultés que fait naître encore cette rivalité historique, il faut autant que possible éviter les points de contact où les ambitions politiques des deux gouvernements, les deux amours-propres nationaux peuvent se choquer.

» Si nous avions fait avec l'Allemagne des arrangements en vue des événements qui peuvent se passer dans l'Afrique orientale, nous aurions créé un point de contact de plus entre nous et les Anglais, et un point où le contact aurait été des plus désagréables. Ils auraient été en droit de nous dire : « Vous n'aviez rien » dans cette partie du monde : pourquoi

» y venez-vous gêner notre expansion?»
De même, s'ils venaient intriguer et tripoter dans le voisinage de la Tunisie nous aurions raison de leur en demander compte.

» C'est un acte très sage que nous avons fait en laissant les Anglais et les Allemands s'arranger entre eux dans cette partie de l'Afrique. Ils ne s'y entendront pas toujours. Voilà ce que je ne me chargerais pas d'expliquer à Humbert, ni à aucun anglophobe. Je sais bien que pour prouver qu'ils pensent aux moyens pratiques de réaliser leur rêve, les anglophobes parlent d'une future coalition continentale contre l'Angleterre. Ils ne voient pas que dans le cas de cette coalition, c'est nous qui ferions surtout les frais de la guerre, avec nos côtes étendues, nos colonies nombreuses, notre grande flotte. Si la coalition était vaincue, c'est nous qui payerions la plus grande partie des dégâts ; si elle était victorieuse, l'industrie allemande, fabriquant à meilleur marché que nous des articles de moins bonne qualité, serait la grande bénéficiaire de la victoire commune. Elle supplanterait les produits anglais, sur les marchés du monde, beaucoup plus vite que nous qui ne produisons pas l'article à bas prix.

» Le plus sage est de ne pas courir au devant de pareils événements ; s'ils doivent se produire, on le verra bien et ce sera toujours assez tôt. En attendant, je ne prêterai jamais la main à une politique qui, nous brouillant avec l'Angleterre, nous riverait à l'alliance allemande, sans que nous pussions en tirer avantage. Cette politique serait une politique de dupe ; nous devons rester maîtres, quand l'heure sera venue, de choisir nos ennemis.

» Il est d'autant plus facile de garder cette liberté d'action qu'il n'y a pas entre nous et les Anglais une contestation qui ne puisse s'arranger à l'amiable. Si on laisse de côté l'Égypte qui pourrait un jour servir de prétexte à l'Europe, à la fameuse coalition continentale pour amorcer la guerre, mais dont nous n'entreprendrons pas à nous tout seuls d'expulser l'Angleterre ; à part l'Égypte, où nous avons eu le tort de ne pas aller et dont la question est européenne, il n'y a pas, entre l'Angleterre et nous, un seul sujet de désaccord fondamental sur lequel l'honneur interdise les transactions.

» Voici, par exemple, l'affaire de Terre-Neuve dont on parle depuis longtemps. Là, les Anglais sont demandeurs : ils veulent que nous renoncions à des droits légaux qu'un vieux traité de Louis XIV nous a reconnus. J'ai mon idée là-dessus ; c'est à la fois une idée d'ancien ministre de la marine et d'ancien représentant d'une région maritime. Je dirai aux Anglais : « Vous vou-
» lez abroger le traité d'Utrecht. Nous
» voulons bien. Mais d'abord ce que
» nous allons vous céder vaut de l'ar-
» gent : il faut que nous indemnisions
» nos pêcheurs qui vont se trouver
» expropriés. C'est un compte à faire,
» un revenu moyen à capitaliser. »

« Maintenant, le traité d'Utrecht est
» abrogé. Il n'existe plus. Donc la clause
» qui nous interdit de fortifier les îlots de
» Saint-Pierre et de Miquelon est tom-
» bée. Donc, nous allons y faire tous les
» travaux que nous voudrons, de ma-
» nière à créer là un point d'appui, un
» dépôt de charbon sûr, dans des mers
» où nous en sommes absolument dé-
» pourvus. »

» Voilà mon idée qui serait avantageuse pour les gens de Terre-Neuve, pour
l'Angleterre et pour nous, et ne serait
onéreuse à personne. Je la préférerais de
beaucoup à des propositions que j'ai entendu vaguement énoncer, de compensa-
tions à nous donner en Afrique ou en
Asie. Partout nous sommes lotis, excepté
dans les mers de l'Amérique du Nord.

Une occasion s'offre de nous y fortifier, je la saisirais.

» Un traité a limité la souveraineté anglaise sur Terre-Neuve et la nôtre sur Saint-Pierre et sur Miquelon. Déchirons le traité et devenons chacun maître chez soi..... »

APPENDICES

PIÈCES JUSTIFICATIVES ET RECTIFICATIONS

APPENDICES

PIÈCES JUSTIFICATIVES DE RÉIMPRESSION.

APPENDICES

PIÈCES JUSTIFICATIVES ET RECTIFICATIONS

APPENDICE A

L'article suivant a paru dans le journal *le Temps*.

« S'il n'y a rien de tel que d'aimer son métier pour le bien faire, M. Félix Faure dut être un président de la République idéal. Il croyait à son étoile. M. Carnot avait une maladie de foie, M. Casimir Perier ne pouvait souffrir d'être perpétuellement en vue et de ne jamais s'appartenir : il avait, lui, une excellente santé, il se plaisait aux honneurs fatignants de sa charge. De quel ton aisé, dans les propos qu'on lui prête, il dit : « Mes ministres » et comme il juge rapidement son prédécesseur » qui n'avait pas le don pour présider à la chimie de la politique française ». Enfin, il aima jusqu'à la passion l'extérieur de la majesté, il eut cette idée fort juste, que les foules lui tiendraient compte d'être, suivant leur langage, « un homme qui représente bien ». Car il représentait fort bien ; il fut donc populaire.

« On l'aurait difficilement consolé de ne point l'être. Qu'on me permette de me substituer pendant quelques minutes à Saint-Simonin, pour conter à ce sujet une petite anecdote que je tiens d'un officier qui fut un jour de garde à l'Elysée.

« — Il était d'usage, m'a dit celui-ci, que l'officier de garde déjeunât à la table du président. Tu penses si j'étais intimidé ; on n'apprend pas à Saint-Cyr la façon de se conduire à la table d'un président de la République, et j'aurais bien voulu être ailleurs. Durant la première partie du repas, tout alla très bien : on ne me demandait rien du tout, et je ne disais rien du tout. Je n'écoutais même pas la conversation ; mais, tout à coup, M. Félix Faure m'interpella par mon grade. Il me disait à brûle-pourpoint :

« — Suis-je populaire ?

« Tu comprends que c'est une question embarrassante pour un jeune officier. Et d'abord, je ne m'étais jamais demandé si M. Félix Faure était ou n'était pas populaire. Ce sont des affaires qui ne sont pas de mon ressort. Mais je me souviens que mon père, bien des années auparavant, m'avait dit à quoi il avait compris que le nom et la personne de M. Thiers étaient enfin devenus familiers à la masse des Français, et je répondis :

« — Je ne crois pas, monsieur le président !

« Et après avoir prononcé ces paroles, je m'aperçus qu'elles étaient hardies. J'aurais donné mes galons pour rentrer sous terre. Mais M. Félix Faure continua avec condescendance :

« — Pourquoi ne le croyez-vous pas ? Expliquez-vous.

« — Mon Dieu, expliquai-je, mon père m'a dit, un jour qu'il se rendit compte de la popularité qu'avait conquise M. Thiers quand il vit à la foire du Trône, dans toutes les boutiques de forains, son portrait en pain d'épice. Je n'ai pas encore vu le vôtre, monsieur le président.

« Alors, M. Félix Faure s'écria très sérieusement :

« — C'est vrai ! Je vous remercie. Je n'avais pas encore pensé à cela !

« Notre excellent collaborateur, M. Adolphe Brisson, qui connaît si bien tous les petits musées de Paris, serait peut-être capable de nous dire si cette lacune a été comblée. En tous cas, M. Félix Faure fut populaire et il déploya, pour le devenir, beaucoup de tact et d'adresse. Il avait pour cela tout ce qu'il faut; la prestance, le goût des attitudes nobles, l'élégance du costume, et enfin jusqu'aux origines, car la plupart des Français lui étaient reconnaissants d'avoir été tanneur, de s'être fait photographier dans son costume d'atelier, et de ne point cependant paraître déplacé quand ses fonctions le mettaient en relation avec les autres grands de la terre.

« Les *Propos* nous disent qu'il n'aimait point à être tutoyé à la chasse par ses anciens amis. Voudrait-on qu'il en fût autrement? Charles Dickens nous a montré jadis un parvenu, M. Bounderby, qui ne sortait pas de chez lui sans crier :

« — Regardez, je ne porte pas de gants. Jamais je ne porte de gants! Je n'ai pas grimpé à l'échelle sociale avec des gants; ils m'auraient trop gêné pour monter haut!

« M. Félix Faure, arrivé au sommet de l'échelle politique et sociale, mit des gants. J'estime qu'on ne saurait que l'en féliciter. Il éprouvait même un plaisir visible à en mettre. Il savait avec quelle attention le public naïf regarde un homme en place porter un habit noir, monter en voiture et saluer les dames.

« Il y a dans le titre, dont sont ornés les chefs d'État, chez certains peuples très proches de nous quelque chose qui éblouit. Ils n'ont pas besoin de rappeler leur grandeur, elle est toujours présente aux esprits. On s'attendrit, au contraire, à voir qu'ils témoignent des sentiments les plus naturels. Les journaux anglais s'émerveillent en ce moment, parce que, durant l'absence du duc et de la duchesse d'York, qui sont aux antipodes, la reine d'Angleterre tient sur ses genoux, pendant ses promenades en voiture, le jeune prince Edouard, son petit-fils, et que même elle s'en va tous les jours le visiter dans sa *nursery*, comme le ferait n'importe quelle grand'mère. C'est ainsi que le vulgaire admire, comme l'a dit quelqu'un, que les rois soient presque des hommes.

« Il n'en est pas ainsi en France, où nous baptisons du sous-titre modestement orgueilleux de premier magistrat de la République celui qui, d'après la Constitution même, est l'égal des plus grands souverains, M. Félix Faure n'avait pas à rappeler qu'il était un homme ; mais il usa de ce qu'il était un fort bel homme pour se donner du lustre et en prêter à ses fonctions.

« Il se peut qu'il se soit fait cette réflexion que, si les habitudes prises, plus que la Constitution, restreignaient son rôle, le meilleur moyen d'agrandir celui-ci était de profiter sans récriminations de tout ce qu'on voulait bien lui laisser, et de s'entourer d'une certaine pompe dont on serait involontairement ému ; et, qu'à la longue, il serait difficile de refuser quelque pouvoir réel à un homme qui faisait, avec tant d'intime satisfaction et de dignité, les gestes du pouvoir. Mais il se peut aussi que sa pensée ait suivi le cours inverse, et qu'il ait désiré la réalité, parce qu'il possédait les apparences. On dit pareillement, dans ce sens, que c'est la fonction qui crée l'organe.

« Si ce souhait n'avait pas eu quelque chose de funeste, j'aurais voulu contempler M. Félix Faure dans un grand événement facile à mettre en peinture, comme par exemple une épidémie de peste. Je suis sûr qu'il eût été magnifique ; il aurait eu, avec une précision délibérée, toutes les attitudes qui conviennent, et jusqu'au plus grand courage. Je crois même que des angoisses plus grandes ne l'eussent pas effrayé. Dans un grand embarras du pays, dans une guerre, il aurait commencé par prendre la forme extérieure d'un grand citoyen, investi de la magistrature suprême et il se serait dit ensuite : « Voilà une bien belle forme, mettons quelque chose dedans. » Et il se serait efforcé de penser et d'agir en grand citoyen.

« Ce sont là d'excellentes dispositions. Il arrive, il est vrai, que tel qui joue fort bien, au théâtre, Auguste, empereur des Romains, maître du monde et de lui-même, n'aurait pas la plus petite qualité pour gouverner l'île de Barataria. Mais est-ce bien ici le cas :

il y eut dans les actes de notre précédent président un grand sens de l'opportunité. Si l'on vous dit d'un homme, qu'il sut rendre prospères les affaires de sa maison de commerce, ne pas se faire d'ennemis comme député et comme ministre, enfin obtenir comme chef d'Etat ce qu'il rêvait, la popularité, on sera d'accord qu'il avait au moins ce qu'on appelle l'esprit de conduite. »

Pierre Mille.

Le 21 juin, *le Drapeau*, journal de M. Déroulède, dont le rédacteur en chef, M. Barrès, devait quelques jours plus tard attribuer au « quai d'Orsay » l'inspiration des « Propos », publiait l'entrefilet suivant :

« Tous les patriotes ont regretté la mort subite du président Félix Faure qui, dans la dernière grande crise politique, avait donné tant de gages aux amis de la patrie et de l'armée.

« Aussi sommes-nous particulièrement heureux de relever, dans les « Propos de Félix Faure » qu'a publiés hier le *Figaro*, un hommage amicalement et noblement rendu à Paul Déroulède.

« Je suis, » disait Félix Faure à l'ami qui a recueilli et qui cite ces paroles, » un des fondateurs de la Ligue des Patriotes. J'en ai été le premier vice-président. Déroulède, pour qui j'ai autant d'affection que d'estime, sait bien que je ne ferai rien qui soit contraire à la dignité nationale. »

« Félix Faure faisait là allusion, si l'on en croit son ami, à un projet de visite de l'Empereur Guillaume II en France. Il voulait dire qu'il était capable de couvrir, lui, le Président, une pareille visite de sa popularité et de son bon renom de patriote.

« Il est probable qu'il se trompait : rien ne ferait, rien n'aurait fait accepter à la population parisienne un pareil excès d'hospitalité.

« Mais cela ne nous empêche pas de retenir

la preuve d'amitié et de confiance donnée, dans ces quelques phrases, au président de la Ligue des Patriotes par le *dernier* président de la République française » .

G. R.

APPENDICE B

DOCUMENTS DIVERS SUR L'AFFAIRE DE *Fashoda*.

Le *Temps* a publié, le 8 juillet, la note suivante dont les éléments ont été recueillis à des sources officielles :

« Nous avons indiqué hier, d'après les déclarations de M. Ed. Lockroy, la manière dont le ministère de la Marine s'organisait pour faire face aux éventualités qu'aurait pu faire naître l'incident de Fashoda.

« De son côté, le ministère de la Guerre prenait toutes mesures avec activité et méthode, mais sans bruit.

« Le ministre, M. de Freycinet, d'accord avec le Conseil, donnait une série d'ordres : renforcement des corps d'Algérie, déplacement de troupes, contrôle et réfection de l'habillement, du matériel de guerre, visite des forts, mise en service des nouveaux modèles.

« Ces dispositions, prises de novembre 1898 à mars 1899, étaient exécutées minitieusement par les soins de l'état-major général, dont le chef, aujourd'hui mort, le général Brault, fit preuve d'une grande activité. Un seul détail en témoigne : sur les instructions du ministre, il partait, chaque samedi de cet hiver-là, en voyage d'études, inspectant les places fortifiées, en compagnie des directeurs de l'artillerie et du génie, les généraux Deloye et Laurent. Ils rentraient le lundi matin pour reprendre le travail de cabinet.

« Grâce à ces efforts, le ministre de la guerre put, en ce qui le concernait, donner au conseil des ministres des indications rassurantes. C'était en janvier 1899, M. Félix Faure présidait la réunion, ayant à ses côtés M. Charles Dupuy. »

Le *Radical* a interrogé MM. Mesureur et Camille Pelletan sur ce qui s'était passé au moment de l'affaire de Fashoda entre les membres du gouvernement et les membres de la commission du budget.

Nous citons le *Radical* :

« Le récit du *Figaro*, nous dit M. Mesureur, est exact, à cela près qu'il y a eu deux réunions : une chez le président de la République d'abord, l'autre chez le président du conseil ensuite.

« Le président de la République nous dit :
« J'engage ma responsabilité. Je vous demande votre approbation. » Cette approbation, nous l'avons donnée d'un même élan.

« Chez le président du conseil, à la seconde

réunion, Pelletan fit un très vibrant et très beau discours patriotique. Nous avons jusqu'alors gardé le silence sur ces faits, mais notre rôle ne saurait, je crois, qu'être approuvé, et puisque mon témoignage est demandé, je n'ai qu'à le donner en toute sincérité.

« A son tour, M. Pelletan nous confirme l'exactitude des faits produits.

« Lorsque, chez Dupuy, dit-il, on nous demanda notre avis, je me bornai à faire observer qu'il serait absurde de demander ouvertement ce que les ministres de la guerre font tous les jours dans de moins graves circonstances, c'est-à-dire l'autorisation d'engager certains crédits exigés par la défense nationale, alors que, justement, il fallait, en l'occurrence, dissimuler à nos adversaires les préparatifs que nous devions faire.

« Nul Français n'eût pu hésiter en pareil cas et je n'hésitai pas une seconde, pour mon compte, en m'engageant à justifier notre conduite devant nos collègues du Parlement. »

Le journal l'*Éclair* a publié le 6 juillet l'article suivant que nous reproduisons depuis le titre et le sous-titre jusqu'à la dernière ligne :

FASHODA

LES CONFIDENCES DU PRÉSIDENT FÉLIX FAURE CONFIRMÉES

« Nous avons publié hier matin, d'après le *Figaro*, sous ce titre : « Propos de Félix Faure », le récit fait par l'ancien président de la République, à l'un de ses confidents à propos des événements de Fashoda.

« Dans ce récit, sont mis personnellement en cause un certain nombre d'hommes politiques, qui ont été mêlés plus ou moins directement à ces événements. Celui qui, de tous, avait alors la plus lourde responsabilité, était assurément le ministre de la Marine, puisque nous étions menacés d'une guerre avec l'Angleterre.

« M. Lockroy, qui occupait à l'époque cette haute et délicate fonction, était donc particulièrement intéressant à consulter. Nous nous sommes directement adressés à lui, et, faisant appel à ses souvenirs, nous lui avons demandé, pour les lecteurs de l'*Éclair*, le récit vécu des événements dont nous parlons. C'est avec sa bonne grâce, son affabilité habituelles que l'ancien ministre de la Marine a bien voulu satisfaire à notre demande.

CHEZ M. ÉDOUARD LOCKROY

« — Nous avons été en effet, nous dit-il, à l'époque dont vous me parlez, sans qu'on s'en soit beaucoup aperçu en dehors du monde politique, sous la menace de la guerre maritime la plus terrible qui pût éclater en Europe. Bien que j'aie traité la question dans mon livre, la *Guerre navale*, je n'aurais pas, pour ma part, parlé dans la grande presse de cette affaire, encore bien récente, si le confident de M. Félix Faure n'avait cru devoir la livrer à la publicité.

« Au moment où éclata l'affaire de Fashoda,

l'opinion anglaise était très montée contre nous. Elle était surexcitée surtout par les conférences et les discours de M. Chamberlain et par une série d'articles très violents parus dans divers organes de la presse anglaise.

« On tenait aux Anglais ces propos dangereux : le commerce allemand, disait-on, américain et japonais fait baisser le chiffre de vos exportations dans des proportions considérables sur tous les points du monde. Il importe de vous créer des débouchés, et ces débouchés vous les trouverez du côté des colonies françaises. Une guerre avec la France, justifiée par des motifs politiques, et bien plus encore par des motifs économiques, sera pour l'Angleterre une spéculation excellente.

« Il est bien certain qu'en Angleterre même, nombre de gens raisonnables, réfléchis, n'attachaient qu'une importance secondaire, blâmaient même une semblable politique, mais elle n'en était pas moins de nature à passionner considérablement les masses.

« De tous côtés, nous arrivaient en France des informations, des nouvelles sensationnelles de nature à nous faire considérer la guerre comme inévitable. Nous avions, nous, des intentions très pacifiques et nous l'avons montré.

LA PRÉPARATION A LA GUERRE

« Quoi qu'il en soit, je pense et j'ai toujours pensé que le meilleur moyen d'éviter la guerre est d'être prêt à la faire. Aussi, dès mon arrivée au ministère de la marine, je n'eus pas d'autre préoccupation que la préparation à la guerre.

« Cette préparation entraînait des dépenses considérables, mais il était impossible de demander ces crédits au Parlement. On eût ainsi annoncé qu'on se préparait à la guerre et, par cela même, on pouvait rendre la guerre inévitable. Dans l'état d'esprit où se trouvait l'Angleterre, des préparatifs de guerre en France pouvaient entraîner l'ouverture immédiate des hostilités.

« On sait d'ailleurs que l'Angleterre — une statistique très sérieuse a été faite à ce sujet — a neuf fois sur dix commencé la guerre avant de la déclarer.

« Pourtant, de l'autre côté de la Manche, on se livrait à des préparatifs beaucoup plus considérables que les nôtres. Le chiffre des dépenses effectuées alors n'est pas moindre de 150 à 200 millions.

« Donc, je le répète, il n'était pas possible d'ouvrir un débat devant le Parlement. Il fallait prendre la responsabilité d'engager des crédits sans autorisation, quitte ensuite à venir demander aux Chambres un quitus définitif. C'est ce qui fut fait plus tard dans l'ordre que je vous indiquerai.

LES VOYAGES DE M. LOCKROY

« Étant le plus directement intéressé, je commençai immédiatement les dépenses qui, tant pour la marine, les colonies et la guerre, se montaient à soixante ou soixante-dix millions. Les motifs de ces dépenses étaient les suivants. J'avais fait, à cette époque, des voyages successifs sur tout le littoral de la France, depuis Dunkerque jusqu'à Nice ; j'avais aussi visité la Corse, l'Algérie et la Tunisie afin de me rendre compte de l'état de nos défenses maritimes.

« Les côtes de France étaient très bien armées en matériel, c'est-à-dire que les canons étaient en place et, bien qu'il en manquât en certains endroits, bien que certains ne fussent pas absolument prêts, l'ensemble était satisfaisant.

« Mais on manquait d'hommes dans des proportions considérables. A Cherbourg, à

Brest et partout, la moitié de nos canons eussent été inutilisés, faute d'artilleurs pour les servir. Je dus emprunter près de trois mille hommes à l'armée de terre. Il fallait aussi compléter les approvisionnements de la flotte et c'est alors que je m'occupai de la reconstitution des escadres en changeant la répartition de nos forces sur le littoral.

LA DÉFENSE COLONIALE

« Pour la première fois, le conseil supérieur de la marine eut à discuter un plan de campagne dont il détermina les bases. La Corse était très mal défendue et Bizerte, comme le dit le confident de M. Félix Faure, n'était pas alors à l'abri d'un coup de main.

« Le nombre des batteries qui défendaient le port n'était pas suffisant; il y avait très peu de monde en Tunisie où j'obtins la concentration de forces considérables. Nous dûmes aussi établir des projecteurs sur les côtes d'Algérie qui en manquaient totalement, ce qui rendait inutiles, du moins la nuit, nos moyens de défense placés sur le littoral.

« Il fallut enfin des sommes considérables pour armer nos colonies qui, presque toutes, à part le Tonkin, se trouvaient dans un état lamentable.

« Deux ans auparavant, j'avais fait une proposition de loi en faveur de la création de points d'appui de la flotte, prévoyant ce qui était arrivé. On avait bien inscrit, depuis, des crédits au budget pour cet usage ; mais d'une part, ces crédits avaient été trop faibles, et d'autre part, on n'avait pas eu le temps d'armer comme, il convenait, nos ports de refuge.

« M. Trouillot, après lui M. Guillain, et M. de Freycinet tout le premier s'empressèrent d'y pourvoir.

« Le total des dépenses prévues par les diverses mesures à prendre représentait, je vous l'ai dit, soixante à soixante-dix millions. Des troupes furent jetées en masse sur tous les points menacés ; nos stations navales et nos escales furent pourvues de bâtiments neufs, et, en deux mois et demi, nous étions aussi prêts que le permettaient les circonstances. J'ai, d'ailleurs, donné le détail de toutes ces opérations dans le livre dont je vous parlais tout à l'heure et qui fut publié à ma sortie du ministère.

LE CONSEIL DE L'ÉLYSÉE

« C'est au moment où il fallut engager les dépenses que se tint à l'Élysée le conseil dont parle le confident de M. Félix Faure. Y assistaient : le président de la République, le président du conseil, les ministres de la Guerre, de la Marine et des Colonies, les chefs d'état-major de la Guerre et de la Marine.

« Après avoir chiffré la dépense, on reconnut qu'il était impossible d'en demander ratification aux Chambres. Cependant, afin de décharger, dans la plus large mesure, la responsabilité du gouvernement, il fut convenu que l'on exposerait la situation et que l'on ferait connaître tous les détails de l'opération, d'abord aux présidents des deux Chambres, et ensuite au président de la commission du budget de la Chambre, au président de la commission des finances du Sénat, ainsi qu'aux deux rapporteurs généraux du budget.

« A cette manière de procéder, il y avait un précédent. Dans une circonstance que je n'ai pas besoin de rappeler, où la France avait couru un danger à peu près équivalent, d'accord avec le président de la commission du budget qui n'était autre que Gambetta, on avait alors dépensé un certain nombre de millions, sans demander de crédit aux Chambres, pour mettre le pays en état de défense.

« Le lendemain de la séance que je vous rappelais tout à l'heure, le président du conseil eut une entrevue avec les présidents des deux Chambres, ainsi qu'avec les présidents des commissions du budget et des finances et les rapporteurs généraux. Bien entendu, tout le monde approuva les mesures prises et ce n'est que beaucoup plus tard, un an après environ, que la situation fut liquidée.

« C'est à cette époque que je hâtai la construction des bâteaux sous-marins et que je fis faire, pour m'assurer de leur utilisation, le voyage de Toulon à Marseille au *Gustave-Zédé*. Le succès de ce bâtiment eut un grand retentissement, et j'ai la conviction intime, qui d'ailleurs a été corroborée par tous les témoignages officiels que j'ai pu recevoir alors, que cette préparation rapide, en même temps que l'apparition de la flottille sous-marine, avait beaucoup contribué au maintien de la paix.

« Je dois ajouter, pour rendre hommage à qui de droit, que j'ai trouvé dans toute l'armée navale, depuis le dernier matelot jusqu'aux chefs les plus élevés, une décision, un entrain, une ardeur et une résolution qui, bien souvent, ont causé à tous ceux qui ont pu les constater, comme à moi, la confiance la plus grande et la plus complète admiration. »

L'article suivant qui raconte l'histoire de la mission du Nil, autrement que ne l'a fait M. Félix Faure, a paru dans l'*Éclair*, le 9 juillet 1901 :

FASHODA

UNE RÉPONSE AUX PROPOS « DE FÉLIX FAURE »

« L'affaire de Fashoda a été remise en question par la publication récente des *Propos de Félix Faure*. Ces extraits du carnet de l'ami de l'ancien président ont d'ailleurs fait l'objet d'une note *Havas* communiquée par la famille qui a tenu à protester dès l'apparition de ces souvenirs.

« L'article du *Figaro* visé par cette note contenait deux parties nettement distinctes ; l'une ayant trait à l'organisation et au but de la mission Congo-Nil, l'autre à la situation politique consécutive à cette mission.

« De la situation politique en France et en Angleterre, nous ne nous occupons plus aujourd'hui, les explications de MM. Lockroy et Mesureur publiées ici même en ayant fixé l'importance et la signification.

« C'est de la première partie de l'article de Saint-Simonin sur Fashoda que nous avons tenu à préciser la teneur.

« L'auteur fait appel aux souvenirs de Félix-Faure, qui n'est plus là pour dire si l'opinion qu'on lui prête est exacte ou controuvée. Ce sont propos de mort que la mort même enveloppe d'une mystérieuse auréole et que l'éloignement des faits rend encore plus nébuleux.

« Ces prétendues révélations nous ont donc

inspiré la pensée de nous adresser à un témoin encore vivant des faits mis en cause, et nous avons fait appel pour cela à un des hauts personnages politiques de l'époque, qui fut de très près mêlé à l'organisation de la mission Marchand.

LA RÉPONSE D'UN TÉMOIN

« Voici, très exactement et très fidèlement rapporté, ce qu'il nous a dit :

« — De deux choses l'une, ou bien l'auteur du carnet de l'ami de Félix Faure a inexactement rapporté la conversation de l'ancien président, ou bien Félix Faure, et ceci est bien étrange, n'avait aucune idée de la carte d'Afrique au moment où, plus qu'aucun autre, il était de son devoir de la connaître à fond.

« Parlant de la perturbation que l'exploration Marchand avait jetée dans les rapports entre la France et l'Angleterre, Félix Faure aurait dit à son ami : « Nous n'aurions pas fait la guerre pour Fashoda.. Un poste placé si loin eût été trop éloigné de toute base de ravitaillement, trop en l'air. »

« Félix Faure ignorait-il donc — pouvait-il l'ignorer, lui, président de la République — que du sud au nord nous avions au moment de l'incident de Fashoda des postes dans tout le Bahr-el-Ghazal, des postes qui se nomment Tamboura, Fort-Desaix, Djourghattas, Bia et la Mechra ? Or, de la Mechra à Fashoda, il y a à peine trois jours de vapeur et, quand les Anglais arrivèrent à Fashoda, le *Faidherbe*, qui était retourné à la Mechra pour chercher un ravitaillement destiné à la mission Marchand, était rentré à Fashoda quelques jours après.

« Fachoda, quoi qu'en puisse dire l'ami de Félix Faure, n'était donc pas trop éloigné de notre base de ravitaillement, Fashoda n'était donc pas trop en l'air. Il suffit, pour s'en convaincre, de jeter un coup d'œil sur la carte de cette région de l'Afrique.

« Je me suis fait expliquer, poursuit Félix

Faure, comment la mission Marchand avait été organisée... Delcassé était aux Colonies. Un jour, il communiqua au conseil la décision qu'il avait prise de faire continuer vers l'Est, à travers l'Afrique, une mission d'exploration confiée tout d'abord au colonel Monteil. Cette mission pousserait jusqu'au Nil. »

« Or, en juillet 1894, au départ de la mission Monteil, — M. Delcassé avait vraiment une façon bien curieuse de marcher vers le Nil. — La mission Monteil, partie sous le prétexte d'aller reprendre le M'Bomou aux Belges, était en effet aussitôt rappelée par M. Delcassé, réembarquée à Loango, débarquée à Grand-Bassam, pour aller faire la colonne de Kong. Comment M. Delcassé peut-il expliquer qu'ayant fait partir cette mission vers le Nil, il l'ait envoyée à Kong ? Il est d'ailleurs assez drôle de constater que ce rappel coïncidait avec la mort de Carnot, et je peux affirmer que si Carnot avait vécu, la mission aurait poussé jusqu'au

Nil. Carnot avait eu, lui, l'idée que M. Delcassé n'a point mise en pratique ; les paroles de Carnot que Saint-Simonin rapporte au sujet de l'Égypte sont bien l'expression de sa pensée.

« Quant à la mission Marchand, elle ne fut pas organisée et conçue par M. Delcassé. La mission Marchand a été conçue par le capitaine Marchand qui l'a lui-même proposée à M. Hanotaux, alors ministre des affaires étrangères, et Marchand la proposa, en mai 1895, en débarquant du bateau qui le ramenait en France, au retour de la colonne de Kong dont il faisait partie. Marchand n'obtint sa mission qu'après une lutte de onze mois, au cours desquels il eut à se débattre contre l'opposition des ministres des colonies. M. Hanotaux avait accepté tout de suite, ce fut M. Lebon qui se joignit à son collègue des Affaires étrangères.

LE BUT DE LA MISSION

« Quant au but de la mission, il est tout différent de celui qu'indiquent les propos de Félix Faure. Marchand avait fait décider sa mission dans le but d'aller prendre un gage sur le Nil, de conserver, grâce à ce gage, un point sur le Nil, d'avoir dans cette région du grand fleuve un débouché, et ainsi de provoquer la réunion d'une conférence européenne pour régler la question d'Égypte.

« On nous dit maintenant que la mission Marchand était une mission scientifique, commerciale... Est-il utile de rappeler qu'avant de laisser partir Marchand, les Chambres ont voté des crédits ? M. Lèbre n'est-il point monté à la tribune pour demander le vote de ces crédits sans explications, disant : « *C'est un vote politique que nous vous demandons* ». Et à ce moment-là, M. Jaurès ne s'est-il point levé et ne s'est-il point écrié : « *Ce n'est pas un vote poli-*

tique, c'est un vote national ». Avouez, ma foi, que pour une mission purement scientifique, c'était lui faire beaucoup d'honneur.

« Et puis enfin, à quoi, si la mission n'avait point été une mission de conquête, à quoi auraient servi toutes ces dépêches que le gouvernement envoyait à Marchand tout le long de sa route, dépêches qui toutes peuvent se résumer ainsi : « Hâtez-vous d'arriver à Fashoda » ? Pourquoi cette précipitation ? Et d'ailleurs M. Hanotaux et Lebon peuvent-ils déclarer qu'ils n'ont point donné à Marchand, avant son départ, des instructions écrites ?

A FASHODA

« Félix Faure convient que Marchand est resté un peu plus longtemps à Fashoda que dans un autre poste. Marchand y est, en effet, resté cinq mois. Ayant trouvé des ruines, il avait construit à Fashoda un fort d'un relief de cinq mètres.

« Que Marchand ait désiré rester sur le Nil, cela se comprend, nous dit-on ; mais on ajoute : son désir ne pouvait pas engager la France, et Félix Faure ajoute : « Quand avec le rapport de Marchand nous serait arrivée sa question : Que faut-il faire ? » nous aurions répondu : « Laissez votre camp et revenez-nous. »

« On comprend assez aisément que de Fashoda Marchand n'ait pas pu informer le gouvernement au moment où il y était arrivé, mais il est bien étonnant qu'au moment où Marchand quittait le dernier des postes, du Bahr-el-Ghazal, Fort-Desaix, absolument certain alors d'arriver à Fashoda, pouvant prévoir la date de cette arrivée à quelques jours près, il est bien étonnant qu'il n'ait pas envoyé une dépêche au gouvernement. Si Marchand a envoyé une dépêche semblable, le gouvernement l'a certainement reçue bien longtemps avant d'avoir eu connaissance de l'occupation de Fashoda par le général Kitchener. Pourquoi à ce moment-là le gouvernement n'a-t-il pas donné l'ordre à Marchand d'éviter Fashoda, ou pourquoi n'a-t-il pas commencé à engager des négociations avec l'Angleterre ?

« Car, enfin, Marchand est resté deux mois à Fashoda sans que Kitchener se soit douté de sa présence et il ne s'en serait peut-être pas aperçu de longtemps si un bateau des derviches, que la mission française avait repoussé à Fashoda, n'était allé lui dévoiler à Omdurman que Marchand occupait Fashoda.

« Alors que Marchand arrivait à Fashoda, l'armée anglo-égyptienne était encore loin de Khartoum ; cela se passait deux mois avant la bataille d'Omdurman. Kitchener n'était pas pressé d'avancer ; il ne savait rien jusqu'à la révélation des derviches. Quand il arriva à Fashoda, le général anglais était très ennuyé. Il dit à Marchand : « C'est très grave, ce que vous avez fait là ! Savez-vous que ça peut aller jusqu'à la guerre ? »

Et Marchand répondit : « Cela ne me regarde pas, j'ai des ordres de mon gouvernement. Nous nous ferions tuer tous ici plutôt que d'évacuer Fashoda sans instructions de France ». — « Il ne s'agit pas de cela, s'écria Kitchener ; nous avons des bateaux très *confortables* et, si vous voulez, nous pouvons vous ramener. » Sur nouveau refus de Marchand, Kitchener déclara qu'il avait ordre du khédive et de la Sublime Porte d'installer un poste à Fashoda. Marchand ne l'empêcha pas d'établir un poste égyptien et Kitchener s'en revint tout marri à Omdurman pour avertir le gouvernement anglais de l'audace imprévue des Français. C'est alors que le gouvernement anglais décida M. Delcassé à envoyer à Marchand une dépêche par la voie anglaise, c'est-à-dire par Omdurman. Cette dépêche demandait l'envoi d'un officier en France. On sait que ce fut le capitaine Baratier qui vint en France et qui rapporta de Paris l'ordre d'évacuer Fashoda.

« Il est donc très douteux que M. Delcassé puisse établir par pièces et documents que la mission Marchand n'avait jamais eu un caractère de conquête ; M. Delcassé ne fera jamais croire à personne que des officiers aient pu ainsi marcher de l'avant sans ordres précis et répondre comme le colonel Marchand répondit à Kitchener s'il n'avait pas eu une consigne formelle du gouvernement.

LES RESPONSABILITÉS

« Quant à l'ultimatum, s'il y a eu erreur et si on a pu croire que l'Angleterre avait présenté un ultimatum, la faute en revient tout entière à M. Delcassé, pour qui sir Ed. Munson était devenu l'épouvantail, la bête noire. Il faut n'avoir pas approché M. Delcassé dans ces moments-là pour ne se point rappeler l'effarement intense dans lequel le plongeait le seul nom de sir Ed. Munson. Il me souvient, un jour qu'on accusait sir Ed. Munson, d'avoir pu contempler M. Delcassé frappant avec désespoir sur la poche de sa redingote et roulant des yeux dont la terreur exacerbait le strabisme : « Et il y a là, et il a là son ultimatum ! » Pour un ministre des affaires étrangères, c'était tout au moins manquer de sang-froid.

LES ABYSSINS

« La mission Marchand n'était d'ailleurs pas la seule qui, à cette époque, se dirigeait vers le Nil. Ménélick y avait dirigé deux colonnes : l'une au nord, sous les ordres de Makonnen, arriva à Djebel-Achmeth-Aga, y planta un drapeau abyssin et, comme les soldats du négus ne pouvaient pas supporter le climat, Makonnen rentra en Abyssynie.

« L'autre colonne, commandée par Tessama, auquel s'était joint le colonel russe d'Artamonoff, accompagné de deux cosaques, prit la suite de la mission de Bonchamp, qui avait échoué.

« Tessama atteignit le confluent du Sobat et du Nil, par le sud de la vallée de Djonba, et arriva sur le Nil huit jours avant Marchand.

« Mais les provisions manquaient, le pays était marécageux, les soldats du ras mouraient par centaines ; il fallut repartir au bout de vingt-quatre heures. C'est alors que le colonel russe d'Artamonoff franchit le Nil à la nage et alla planter dans une île, au milieu du fleuve, le pavillon français que Marchand retrouva quelques jours après. Ce point était situé exactement à 96 kilomètres de Fashoda.

« Il est donc bien extraordinaire que Kitchener ait, deux mois plus tard, si vite pris la mouche.

LA CONCLUSION

« Pour ce qui concerne les négociations entamées par M. Delcassé avec l'Angleterre à la suite des représentations de Kitchener, l'ami de Félix Faure déclare que la conclusion de ces conversations fit que Marchand continuerait sa route à travers l'Abyssinie pour achever la traversée de l'Afrique dans sa largeur.

M. Delcassé est-il bien certain que ce fut la conclusion naturelle de ses diplomatiques conversations? Le bruit a couru au contraire que M. Delcassé n'était pas très partisan de cette traversée de l'Abyssinie et qu'il avait essayé de faire rentrer la mission Marchand d'abord par le Congo, ensuite par la voie Berker-Souakim ; les Anglais ne voulaient à aucun prix de cette traversée de l'Abyssinie et il faut avouer que M. Delcassé avait une drôle de façon de faire continuer à Marchand sa route à travers l'Afrique. Ne voulait-il pas rééditer le coup de la colonne de Kong?

En résumé, ces propos de Félix Faure, en ce qui concerne l'organisation de la mission Congo-Nil et les négociations auxquelles elle a donné lieu, ne sont, à mon sens, qu'un tissu de maladroites inventions. Et j'ai tout lieu de penser, avec la famille de l'ancien président, que l'on a faussement interprété les sentiments et l'opinion de Félix Faure sur l'affaire de Fashoda.

Aux conclusions de cet article nous ferons une courte réponse :

L'*Éclair* du 6 juillet confirmait par la bouche de M. Lockroy toutes les révélations faites par M. Félix Faure à son ami.

Pourquoi, l' « ami » après avoir exactement rapporté certains faits en aurait-il défiguré d'autres ? Un témoignage est indivisible. On ne peut pas en prendre et en laisser à son gré. D'une sincérité reconnue dans le récit des faits, comment « l'ami » perdrait-il cette sincérité quand il s'agit de répéter l'expression des pensées de M. Félix Faure. Les récits opposés aux *Propos* permettront d'arriver à la vérité historique qui doit, selon son habitude se trouver dans le juste milieu, mais ils ne donnent à personne le droit de suspecter la bonne foi d'un auditeur qui fidèlement transcrit, sans commentaires, ce qui lui a été dit.

15.

L'article qu'on va lire a paru dans le *Gaulois* le 1ᵉʳ juillet. Il a pour auteur « un ancien ministre »

Le lecteur goûtera le ton de bonne compagnie sur lequel ce personnage anoyme « parle des commérages recueillis autour des tombes » des « propos singuliers et invraisemblables prêtés à un illustre mort. » Il convient de rapprocher ces jugements des déclarations de *tous* les personnages dont il a été question dans le chapitre sur Fashoda, lesquels ont *tous* confirmé la vérité du récit du Président Félix Faure, et reconnu l'exactitude avec laquelle son ami avait relaté les faits.

LA VÉRITÉ SUR FASHODA

UNE RÉPONSE ATTENDUE

« Maintenant que la famille de M. Félix Faure a parlé, je n'hésite plus à accepter l'offre qui m'a été faite par le directeur du *Gaulois* de déposer en toute liberté sur l'affaire de Fashoda.

« L'article du *Figaro* prêtait à un illustre mort des propos singuliers et invraisemblables ; les parents de M. F. Faure ont fait justice de ces propos.

« J'ai connu, beaucoup connu, quant à moi, M. Félix Faure, je l'ai apprécié et aimé. Mais c'est une raison de plus pour que je ne commette pas l'inconvenance de le faire parler à mon tour. Je n'ai aucun goût pour les violations de sépultures, pas plus que pour les évocations posthumes grâce auxquelles les vivants vont chercher dans les cimetières des réhabilitations impossibles.

« D'ailleurs les faits parlent d'eux-mêmes et ce sont ces faits que j'entreprendrai de rétablir et de préciser.

*
* *

« Dans l'article de Saint-Simonin, il y a deux sortes d'assertions, les unes sont exactes, les autres matériellement erronées. J'ajouterai que la partie vraie des documents en question n'est là que pour faire passer les inexactitudes voulues qui y pullulent. Or, les choses réelles sont d'une importance historique tout à fait secondaire, alors que les inexactitudes ont une valeur exceptionnelle.

« Expédions d'abord la vérité, il s'agit du fameux conseil des ministres, qui vôta les fonds nécessaires à la défense des côtes. Ce conseil s'est réellement tenu. J'ajouterai que tous les membres de la commission du budget signèrent spontanément une lettre collective par laquelle ils garantissaient les fonds votés, avalisant ainsi la signature de la France.

« Mais je passe, car j'ai hâte d'arriver à la question de Fashoda, pour laquelle il est visible que tout l'article a été écrit.

« Que dit, à ce propos, Saint-Simonin du *Figaro* ? Que M. Delcassé, qui « n'était pas l'homme des coups d'épingle ni un chercheur de querelles », avait confié à Marchand, une mission exclusivement scientifique et économique. Or, M. Delcassé n'a jamais eu à préciser les conditions de la mission de Marchand par la bonne raison que cette mission fut confiée à Marchand par M. Guieysse, le 24 février 1896, d'une part, alors que, d'autre part, M. Chautemps s'en était précédemment occupé.

« Plus tard le ministère Méline vint aux affaires. M. Lebon, ministre des colonies, envisagea la mission avec sa largeur de vues habituelle, et M. Hanotaux, ministre des affaires étrangères, approuva, avec sa sagacité ordinaire, les termes d'un rapport que lui adressa Marchand et dans lequel celui-ci manifestait son intention de prendre un point d'accès sur le Nil de façon à ce que, lorsque la question d'Égypte viendrait en discussion devant l'Europe, il fût possible à la France d'en causer utilement. La mission n'avait ainsi aucun caractère provocateur contre l'Angleterre dont les ministres n'avaient cessé de déclarer que la question d'Egypte restait ouverte.

« Marchand allait donc vers le Nil, muni

d'instructions précises et avec l'assentiment de tous.

« D'ailleurs, M. André Lebon s'est expliqué sur cette question dans un article paru le 15 mars 1900 dans la *Revue des Deux-Mondes* ; l'ancien ministre des colonies prend soin de souligner que l'Angleterre ne pouvait se formaliser d'une expédition vers le Nil. De cet article, où M. Lebon s'inspire visiblement de la politique étrangère suivie par M. Hanotaux, je détache le passage suivant :

« Nul, au surplus, ne pouvait contester ni la bonne foi de la France, ni son droit strict d'en agir ainsi. Les incidents de 1894, marqués par le retrait final du bail consenti par la Grande-Bretagne au roi Léopold, étaient un premier et significatif avertissement que la République n'adhérerait point sans protestation ou compensation aux envahissements de l'impérialisme britannique. Il y en eut d'autres, et tout aussi clairs. En 1895, notamment, quand le sous-secré taire d'État du Foreign-Office, sir Edward Grey, dans un discours public, fulmina une sorte de *Quos ego* contre ceux qui seraient assez audacieux pour s'approcher du Nil, M. Hanotaux ne se borna pas à relever comme il convenait ce discours à la tribune du Sénat, il obtint encore du chef de la diplomatie anglaise la déclaration expresse que « la question restait ouverte au débat ». En décembre 1897 enfin, au cours des négociations suivies à Paris pour fixer les limites entre les deux puissances dans les territoires de la boucle du Niger, deux lettres échangées entre M. Hanotaux et l'ambassadeur anglais constatèrent formellement que les réclamations réciproques relatives au Nil étaient de part et d'autres réservées, chacune des deux parties maintenant d'ailleurs ses positions antérieures.

« Ainsi l'Angleterre était officiellement prévenue par les voies diplomatiques. Elle était d'accord avec nous sur le point litigieux de la question, et dès lors son indignation manquait totalement de base sérieuse.

« M. Lebon explique encore dans le même article que l'idée génératrice de la mission Marchand ne fut pas la propriété d'un cabinet opportuniste ou radical, mais *l'expression active de la politique française obligatoire en Égypte.*

*
* *

« Quand donc, M. Delcassé, prenant les devants, fit, au moment de l'occupation de Fashoda, des déclarations publiques telles que la diplomatie anglaise s'en servit immédiatement pour adresser à la France un ultimatum ou une note verbale comme le dit Saint-Simonin, il apporta dans ses actes une précipitation que mon ancienne situation m'interdit de qualifier, et qui pèsera non seulement sur sa carrière d'homme d'État mais sur le développement politique de la troisième république.

« Or quand M. Delcassé reniait si hâtivement Marchand, lorsqu'il déclarait ignorer que le vaillant officier était à Fashoda, j'ai des raisons de croire, j'ai des raisons d'affirmer que M. Delcassé ne doutait pas à ce moment de la présence de Marchand sur ce point précis du Nil.

« Il suffira de rappeler que M. Delcassé transforma par dépêche la victoire de Marchand en retentissante défaite, et que le second de Marchand, le capitaine Baratier, dut revenir brusquement à Paris pour demander des instructions au ministre.

« Celui-ci fit à Baratier une réception où la colère succédait au désespoir, tantôt pleurant, tantôt menaçant, toujours nerveux, inconséquent, bizarre et flottant.

« — Mais enfin, monsieur le ministre, quelles sont vos instructions ? interrogea Baratier.

« — Vous les trouverez au Caire à votre retour ! répondit M. Delcassé.

« A ce moment, un huissier annonça que sir Edmond Munson, ambassadeur d'Angleterre, attendait le ministre. Alors, M. Delcassé, se tournant vers Baratier :

« — Vous voyez bien ! c'est la guerre ! et j'ai l'ultimatum dans ma poche !

« Et la main du ministre se portait constamment sur sa redingote, à l'endroit sans doute ou reposait le fameux document. Le capitaine Baratier, laissant le ministre à sa crise, sortit, fit sa malle et repartit pour le Caire.

« Arrivé en Égypte, il acquit la conviction que les instructions annoncées par M. Delcassé n'avait pas encore été télégraphiées. Enfin, la dépêche tant attendue arriva ; elle portait que Marchand et sa mission devaient rentrer directement en France. Marchand refusa et répondit qu'il traverserait l'Abyssinie avant de réintégrer la mère-patrie. Nouvelle dépêche de M. Delcassé enjoignant à la mission de passer par le Congo. Nouveau refus de Marchand. Enfin M. Delcassé céda et autorisa le vaillant explorateur à suivre la route qu'il avait choisie, celle qui lui permettait de rendre encore, et malgré M. Delcassé, d'inestimables services au prestige de la France.

« Ainsi non seulement M. Delcassé fournissait aux Anglais les arguments qui leur étaient nécessaires pour adresser à son pays une réclamation insolite, mais encore il luttait contre un chef de mission française qui, n'ayant pas *été autorisé* à *remporter la victoire*, voulait du moins, au prix de mille dangers, faire flotter le pavillon tricolore dans les profondeurs de l'Abyssinie.

« Deux éléments alimentaient l'extraordinaire résistance de M. Delcassé : d'abord la crainte de la guerre avec l'Angleterre; ensuite le souci exclusif de régler l'affaire Dreyfus qui obsédait tous ses amis et lui-même. Et n'est-ce pas cet état d'esprit même qui permit au sirdar Kitchener d'inviter, avec une ironie féroce, le commandant Marchand à la résignation parce que, lui dit-il textuellement, « *la situation troublée de la France rendait invraisemblable toute intervention efficace du cabinet de Paris au secours des Français de Fashoda* » ?

« Ainsi lord Kitchener, renseigné par Londres, connaissait les préoccupations de M. Delcassé et pouvait signaler à un Français, ignorant jusqu'au nom de Dreyfus, l'impuissance irréparable du gouvernement français !

« On sait le reste. Marchand et ses compagnons, condamnés au silence, obéirent en soldats. Cependant, à son retour à Toulon, Marchand eut le courage de dire que « *la France ne pourrait supporter deux fois en un siècle une pareille reculade* ».

« Résumons-nous : Marchand est allé à Fashoda avec le consentement et les instructions de tous ceux qui l'y avaient envoyé ; il s'est montré, dans cet effort héroïque et sublime, fidèle à la grande tradition française. C'est alors que ceux qui étaient restés à Paris imaginèrent, pour des raisons de politique intérieure, tout un système de menaces et de dangers de guerre illusoires, suivis du fameux ultimatum dont ils avaient fourni eux-mêmes les éléments. A ce moment, l'abandon de Marchand et de ses compagnons était décidé, et l'on eut l'audace de déclarer que Marchand avait faussé et outrepassé le mandat, cependant précis, qui lui avait confié.

« Voilà pourquoi il m'a paru que, sans avoir besoin d'aller glaner des commérages autour des tombes, je devais répondre aux propos de Saint-Simonin recueillis dans le *Figaro*.

« Républicain de la veille, ayant servi en toute loyauté les institutions que le pays s'est librement données, je veux conserver le droit de ne pas pardonner Sedan à l'Empire en me montrant inflexible à l'égard de ceux qui prétendent se glorifier du nouveau Sedan qu'ils ont imposé à la république. »

Nous reproduisons, ci-après l'article de M. Maurice Barrès publié dans le *Drapeau* du 6 juillet 1901.

LE PELÉ, LE GALEUX
D'OU NOUS VIENT TOUT LE MAL

« Il y a des plaisanteries qui passent la mesure et je crois que le colonel Marchand, s'il était en France, ne tolérerait pas les affirmations publiées dans le *Figaro* d'hier matin. Elles prennent leur importance du fait qu'on les met dans la bouche de Félix Faure

« D'après ce Félix Faure du *Figaro*, Marchand était chargé tout bonnement de se promener vers le Haut-Nil, d'y faire des observations géographiques, politiques et économiques, mais nullement d'une mission militaire.

« Cette affirmation contredit la vérité.

« Marchand a été envoyé sur le Haut-Nil pour occuper Fashoda. Dans quel but, cette occupation ? *Pour rouvrir la question d'Égypte.*

« C'est parce qu'on ne veut pas que cette vérité soit proclamée et prouvée que le gouvernement empêche la mission Marchand de publier son rapport.

« Rétablissons les grandes lignes de cette terrible histoire, et d'une expédition éblouissante de gloire pour cette poignée de soldats, en même temps que honteuse pour le parlementarisme.

« On avait expédié Marchand pour satisfaire les grandes idées africaines des coloniaux. Peut-être avec l'arrière-conviction qu'il n'arriverait pas. Faute d'un courage civique suffisant pour avouer notre impuissance à entraver le rêve anglais « du Cap au Caire », on voulait *paraître agir*. Et l'on n'a pas pardonné à Marchand d'avoir *réellement agi*.

« Nous l'affirmons : la mission Marchand avait pour tâche de rendre irréalisable la grande pensée africaine de l'Angleterre. Il s'agissait, par la présence de quelques soldats français sur le terrain, de disputer à l'Angleterre la vallée du Nil. On coupait la voie en construction du Caire au Cap. Et par là on se ménageait un début de conversation, un moyen de reprendre la question d'Égypte.

« L'histoire le dira : le gouvernement parlementaire envoya cette mission au petit bonheur, sans lui donner les ressources matérielles suffisantes (de cette difficulté extrême, l'héroïsme ingénieux de Marchand triompha) et sans lui préparer l'appui diplomatique indispensable. (Là fut l'échec.)

« J'ignore de qui émanent les notes sur Félix Faure que publie le *Figaro* et que je relève. Si elles viennent de Mademoiselle Faure (on nous a parlé jadis de souvenirs qu'elle rédigeait avec Hugues Le Roux), j'accepte respectueusement leur sincérité. Mais je dis que dans la bouche du président patriote c'étaient des mensonges de convenance, des expédients de conversation. Honteux, il cherchait à nier l'humiliation de son gouvernement. Il voulait donner créance au moyen dont s'était servi le quai d'Orsay vis-à-vis du Foreign-Office. On se reniait.

« Soit ! Encore faudrait-il ne pas déshonorer le bon serviteur Marchand qui, dans cette conception, cesse d'être le héros de Fashoda pour devenir un imbécile et un déséquilibré, compromettant pour la sécurité et pour l'honneur du pays.

« Une preuve, s'il en faut, de la mission politique et militaire qu'avait reçue Marchand, je la trouve dans certain conciliabule et dans une entente patriotique où prirent part des parlementaires *de toutes nuances* au moment du départ de Marchand.

« Le *Figaro* nous dit qu'après Fashodà, les

présidents et les rapporteurs généraux des commissions financières du Sénat et de la Chambre, Barbey et Morel, Mesureur et Pelletan s'engagent à ne point susciter d'obstacles aux 60 à 70 millions de dépenses qu'on n'osait pas faire voter et qu'il fallait engager pour se tenir prêt à une guerre avec l'Angleterre. Eh bien! à l'heure où partait Marchand, je le dis et je n'insiste pas, il y eut quelque chose d'analogue...

« Non, le sage héros Marchand n'est point une sorte de fou furieux qui a engagé et compromis, *par monomanie professionnelle*, son pays. Laissons les responsabilités à qui de droit, c'est-à-dire au parlementarisme. (Et Dieu sait que les responsabilités ne gênent pas un gouvernement parlementaire!)

« Maintenant, pourquoi, à cette heure, cette nouvelle campagne contre Marchand?

« Eh! parce que l'officier anglais, le colonel Sparkes, vient d'occuper le Bahr-el-Ghazal et d'installer des postes à Meshra-el-Rock, à Fort Desaix, à Rumbeke. C'est la réalisation du traité de 1899 ; c'est l'éviction en fait que nous avons dû consentir après Fachoda. S'il y avait encore quelque sensibilité chez les Français, nous serions à ce moment dans le deuil. Et pour répondre à cette émotion possible, une fois de plus, on essaye de faire de Marchand le pelé, le galeux d'où nous vient tout le mal. »

MAURICE BARRÈS.

Quand on a lu ce que M. Félix Faure a dit à son « ami » du lieutenant-colonel Marchand on se demande ce qui a pu exciter en M. Maurice Barrès une si forte fièvre. En effet, les *Propos* en ce qui concerne le chef de la maison de Nil, ne sont qu'élogieux d'un bout à l'autre, sans aucun restriction.

M. Judet a donné dans le *Petit Journal* l'article suivant qui contredit l'exposé fait par M. Félix Faure de l'affaire de Fashoda. Nous avons dit dans l'Introduction ce que nous pensions de ces contradictions.

LE SPECTRE DE FASHODA

« Le spectre de Fashoda hante la mémoire des politiciens inquiets sur qui pèse la lourde responsabilité d'une crise d'abdication nationale.

« Il est naturel qu'ils aient des remords, puisqu'ils sont coupables, et qu'ils se montrent peu rassurés, puisque leur crime est encore impuni.

« Bénéficiant d'une confusion dont l'éclaircissement menace leur sécurité, ils voudraient fausser jusqu'à l'histoire pour être définitivement couverts. A chaque occasion ils se remettent en scène, dans l'espoir chimérique de consolider les erreurs qu'ils ont fait accepter du Parlement, complice des mêmes défaillances. L'excès d'habileté devient une imprudence, car les plus audacieuses mystifications ont des bornes.

« Ainsi l'occupation récente du Bahr-el-Ghazal par les troupes anglaises nous vaut de prétendues révélations, trop favorables à de maladroits intéressés pour ne pas provoquer des rectifications vengeresses. Elles mettent en cause un *mort*, le président Félix Faure, et un *absent*, le colonel Marchand, pour déconsidérer l'intelligence du premier et le caractère du second ; bien que la tombe soit muette, bien que Marchand, silencieux par devoir militaire et abnégation patriotique, soit à quarante-huit jours de Marseille, les calomniateurs perdent leur peine : ils se repentiront d'avoir quêté un triomphe dans le récit mensonger des événements qui les condamnent.

« La famille de l'ancien chef de l'Etat a déjà protesté. Quant au chef de l'expédition Congo-Nil, inutile qu'il intervienne. La vérité, que sa discrétion ménageait si généreusement aux détracteurs, éclatera sans lui.

*
* *

16.

«Les gens qu'affole le spectre de Fashoda, parce que leur incapacité anéantit l'œuvre de Marchand, ont besoin de la dénaturer pour leur réhabilitation et leur salut : leurs insinuations tournent autour de deux *inventions essentielles :*

« 1° La mission sans valeur politique, sans instructions précises, ni direction spéciale, n'avait pas même l'indépendance pour remplir une tâche définie.

« 2° Par son initiative non autorisée, par sa monomanie d'occuper la vallée du Haut-Nil, par son obstination à s'y maintenir, elle a failli mettre aux prises l'Angleterre et la France, déchaîner une guerre pour laquelle la Chambre et le gouvernement avouaient leur insuffisance, ou leur manque de préparation. »

« Voilà bien les grandes objections liées, le système de reproches et de diffamations à deux fins, dont la contradiction profonde n'embarrasse pas les auteurs ; ils *abaissent* d'abord Marchand pour prouver qu'il a grossi son importance gratuitement, ils l'*exaltent* ensuite pour lui imputer perfidement l'odieux d'une rupture avec l'Angleterre.

« Il faudrait cependant choisir entre ces deux vues qui sont exclusives.

« Si Marchand n'était qu'un explorateur banal, à la recherche des papillons du Nil, pourquoi l'explosion.

« Si Marchand, muni de papiers authentiques, a exécuté des ordres formels, comment serait-il le perturbateur fantaisiste dont on essaye de faire le bouc émissaire du désastre ?

« Pourquoi, dans le premier cas, se donner tant de mal pour le désavouer gauchement? Dans le second, pourquoi ses ennemis officiels l'ont-ils tant ménagé, accordant à ses collaborateurs, à lui-même, pas mal de récompenses et d'honneurs, pourvu qu'il se taise au nom de la *discipline*, celle que nos anarchistes violent à leur profit et dont ils imposent le respect absolu, féroce, aux seuls officiers français ?

« En réalité, après la série de ripostes qui confond les étranges avocats du cabinet Brisson, il n'y a plus de doute pour personne. Les documents et les dates font foi.

« Marchand, qui a eu la conception originale de son projet, est parti d'ici avec des instructions nettes, renouvelées en cours de route, dont tous les partis ont connu l'esprit et la gravité, unis dans le vote des crédits accordés sans aucune opposition. Successivement, tous les ministres des affaires étrangères et des colonies de tous les cabinets qui se sont échelonnés pendant quatre ans ont été au courant de l'affaire complète, l'ont approuvée dans son organisation et ses conséquences. Pour eux tous, Marchand personnifiait la *politique française traditionnelle* en Egypte et dans l'Afrique entière.

« Or cette politique ne *conduisait nullement à la guerre*, mais à des arrangements honorables et nécessaires pour la France. Après les déclarations des hommes d'Etat anglais reconnaissant que la *question d'Égypte restait ouverte et serait réglée définitivement,* il était clair que la possession de quelques postes sur le terrain neutre servirait, en face de négociateurs pratiques, notre cause et nos droits. Marchand, installé à Fashoda, devait être l'appui solide de nos négociateurs dans la conférence future, tranchant le vieux différend. Son expédition était capitale autant que pacifique. De là son ardeur admirable pour atteindre à l'époque utile le point indiqué. Le succès paraissait impossible à beaucoup de connaisseurs. En brisant tous les obstacles de la nature et des hommes, réputés insurmontables, il s'est acquis une gloire immortelle.

« Il a donc réussi pleinement. Pourquoi la France a-t-elle échoué ? C'est que les hommes au pouvoir, au moment où il suffisait de récolter le résultat de victorieux efforts, se sont abandonnés sans motif et sans excuse.

« Rien en effet n'autorisait leur piteuse attitude.

**
* **

« Si le cabinet Brisson était formé depuis peu de semaines, l'expérience antérieure de ses membres lui signalait l'exceptionnelle portée du dénouement prochain. Il était était averti d'ailleurs par l'attention particulière des Anglais. De plus, il avait certainement reçu à *temps*, de Marchand lui-même par Liotard et Brazza, l'avis suprême de sa présence à Fashoda. Tous les avantages étaient donc de son côté.

« Dans l'héritage du prédécesseur, il recueillait le règlement complet du litige de la vallée du Niger sur le monde duquel il était aisé de calquer la discussion du litige par la vallée du Nil. Après Madagascar, après la Tunisie, la série continuait régulièrement, ni plus ni moins pénible ; c'était l'heure d'aboutir et de supprimer le dernier malentendu avec l'impérialisme anglo-saxon. Pendant les négociations du Niger, la tension avait été forte, les chicanes inquiétantes. M. Chamberlain ne craignit point d'aigrir le conflit et, profitant de la campagne Dreyfus, de l'instabilité parlementaire du cabinet Méline, il avait, pour effrayer nos plénipotentiaires, fait le geste de tirer l'épée. Traité avec un peu de sang-froid et de cœur, l'incident tourna contre les agresseurs : la guerre fut évitée comme elle l'avait été jadis au Siam, malgré les rodomontades, le *bluff* de lord Rosebery.

« Tout marchait donc à souhait et une proposition décisive de l'Allemagne, que M. Delcassé avait la chance de découvrir dans le portefeuille de M. Hanotaux, offrait le moyen non seulement de déjouer les prétentions britanniques, mais de les ramener à une modestie exemplaire. Avec tant d'atouts, encore une fois, comment expliquer la défaite ?

« M. Delcassé ne songea-t-il qu'à suivre le plan du cabinet Brisson, à ravaler toute action extérieure pour ramener notre action intérieure au service de Dreyfus ? Courbé sous cette pensée obsédante, s'est-il borné à supposer que malgré tout Marchand n'arriverait pas à Fashoda gaspillant deux bons mois d'avance? Alors de quel terme qualifier un tel ministre des affaires étrangères ? Si M. Munson, l'ambassadeur de lord Salisbury, l'a surpris, c'est qu'il lui a plu de ne prendre aucune précaution, de se laisser deviner et dompter.

« Pourquoi saisi de peur, en proie au vertige des ultimatums, s'est-il empressé de jeter le lest indispensable à son prestige, et de révéler, par le lâchage immédiat de Marchand, que l'Angleterre n'avait plus à se gêner ? Fixée sur l'irrémédiable pusillanimité de M. Brisson, certaine que le sort de Dreyfus dominait celui de notre avenir en Égypte, elle a joué sans tergiverser la merveilleuse carte qui s'offrait à sa plus chère ambition, elle se hâta de renier en bloc toutes ses idées de conférence et de méthode diplomatique. Elle a menacé, tempêté, tout brusqué pour arracher la *solution* parfaite qu'elle rêvait, sans plus s'occuper de ses promesses passées. Du coup la *question ouverte était fermée à tout jamais*, et Kitchener allait couronner, grâce au concours aveugle de M. Delcassé, la renonciation de Fashoda, par le renvoi de Marchand.

« L'Angleterre, vis-à-vis des faibles, ne s'arrête jamais à moitié chemin : elle exige tout. Fashoda livré ne lui suffisait déjà plus : elle réclama le Bahr-el-Ghazal entier, c'est-à-dire la limite de partage des eaux entre les bassins du Nil et du Congo. Or, nous étions à *demeure* dans la province depuis des années, sans qu'elle *s'en émût* : nos postes s'appelaient Tamboura, Fort-Desaix, Djourghattas, Bia et la Méchra. L'Angleterre intima l'ordre de déloger.

« Devant ce redoublement d'impudence et d'appétits insatiables, la guerre apparut comme possible, comme probable aux moins émus. L'Angleterre nous ayant saisi en flagrant délit d'agitation anarchique, voulut-elle détruire nos escadres ? Elle semblait craindre d'autant moins le duel que nous le redoutions visiblement et l'intimidation de nos ministres l'excitait jusqu'à l'outrecuidance.

* *

« Dans les luttes délicates de politique extérieure qui dépendent d'un tour de main, d'un défaut de présence d'esprit, les principes et les déclarations sonores comptent peu ; la partie est compromise souvent en un clin d'œil à la première minute du premier engagement ; le reste ne sert qu'à confirmer et grossir l'étendue de la défaite. En somme, la guerre, au début, n'a existé que dans l'imagination de M. Delcassé, forgée par lui de toutes pièces, pour passer bientôt dans le domaine des trucs et des épouvantails que l'Angleterre exploita, avide d'obtenir plus et plus de jour en jour, jusqu'à la consommation de son programme. Déconcerté, désemparé, ahuri, notre ministre songea trop tard à résister ; alors, alors seulement, la guerre fut dans l'air pour de bon. Alors, M. Faure eut raison de prendre en mains la cause de la défense nationale ; alors la commission du budget fut bien inspirée en accordant un blanc-seing pour les mesures urgentes aux ministres de la guerre et de la marine !

« Depuis cette tragique époque, M. Delcassé n'a pas à se plaindre de son malheur dont la France porte la peine et paie le prix onéreux : car il a su intervertir assez malignement l'ordre des faits pour persuader aux Chambres que la guerre avait été rendue presque inévitable par la faute des autres et que lui l'avait évitée : sa fortune ministérielle repose sur cette équivoque. Mais sa conscience ne partage pas toutes les convictions commodes au soin de son intérêt, n'a pas toute la désinvolture de ses assertions hasardeuses. Autour de son équipée, il a organisé le silence, mais il tremble qu'il ne soit rompu tôt ou tard et ses artifices percés à jour.

« Le spectre de Fashoda se dresse devant lui et l'ironique correction de Marchand l'empêche de dormir. Tant que le chef de la mission Congo-Nil ne ratifiera pas le roman ridicule par lequel on a tenté de travestir son rôle et de défigurer ses actes, point de tranquillité pour ses persécuteurs ! Quand il débarquait à Toulon, deux députés officieux l'abordèrent avant tout autre compatriote pour le prier de fermer les yeux et de dégager ceux dont il était la victime. Par pitié et par résignation héroïque, il consentit à n'accuser personne ; bien qu'il se soit tu en France et que son départ en Chine ait encore accru son mutisme, les responsables de Fashoda continuent à trembler.

« Voilà les préoccupations qui leur dictent tout à coup de nouvelles confidences, conformes à leur thèse favorite ; ils supposent que l'opinion prendra mieux le change après trois années de lassitude et d'oubli, que l'indignation de 1898 est assez calmée pour permettre de subtiles transpositions, de malicieuses ratures et d'ingénieuses métamorphoses.

« Marchand est si loin, il est si dégoûté, et les Anglais sont si tolérants que l'aplomb est revenu aux marchands de fausses légendes. Par bonheur, il existe encore des vivants qui se souviennent, et des archives qui ne seraient pas consultées impunément. Rien ne prévaudra contre les faits acquis, dans le peuple qui a compris et qu'on n'abusera pas, dans l'histoire inflexible dont rien n'altère la loyauté sacrée, ni ne dérange les infaillibles certitudes !

———

M. le colonel Monteil, qui avait été désigné à l'origine pour diriger la mission du Nil, a été interviewé par la *Libre Parole* et par la *Patrie* au sujet de l'affaire Fashoda. Nous lui laissons la parole :

Interview de la *Patrie*.

« Trois hommes, en 1893, ont arrêté le plan d'*occupation* de la vallée moyenne du Nil à Fashoda ; le président Carnot, initiateur du projet, me l'exposa dans son cabinet à l'Élysée et me chargea de l'exécution en présence de M. Delcassé, sous-secrétaire d'État aux colonies. En 1894, après des tribulations diverses, je partis et, pour des raisons que je ne veux pas dire, le projet fut abandonné. M. Delcassé était ministre des colonies, M. Hanotaux, ministre des affaires étrangères, et M. Carnot était mort.

« Jusqu'en 1895, le projet était opportun, l'Angleterre ne pouvait, en droit, s'y opposer.

« En 1896, le même projet fut repris (mission Marchand). Mais il était inopportun; parce que, si l'Angleterre ne pouvait s'y opposer en droit, en fait, elle avait témoigné par voie diplomatique qu'elle en considérerait la réalisation comme un acte antiamical.

« A l'échéance, en 1898, c'est-à-dire après l'arrivée de la mission Marchand à Fashoda, M. Delcassé étant ministre des affaires étrangères, le gouvernement ne sut que désavouer l'acte accompli.

« Au départ de la mission Marchand, le conflit était virtuellement ouvert avec l'Angleterre ; notre gouvernement n'ignorait pas la portée de son acte ; c'est là un point qui ne souffre pas d'être discuté. Les livres jaunes et bleus fourmillent de documents précis à cet égard. Donc, on devait se préoccuper de l'éventualité du succès de la mission Marchand, soit pour négocier au mieux de nos intérêts, soit pour relever une provocation.

« Mon opinion est qu'*on n'a pas été prêt au moment de Fashoda parce qu'on ne voulait pas l'être.*

« Le gouvernement a rejeté la responsabilité de l'occupation de Fashoda ; je ne sais quelles étaient les instructions précises données à Marchand, mais un fait est là, brutal : c'est que le 10 juillet 1898, le capitaine Marchand et ses compagnons occupaient le point de Fashoda, *ayant accompli dans son entier le programme initial dont j'avais été chargé en 1893-1894.*

« Si ce plan on l'a repris, c'est qu'il répondait bien à une nécessité ; cette nécessité existait en 1894 aussi bien qu'en 1896, mais en 1896 le gouvernement devait savoir que l'exécution du plan serait considérée par l'Angleterre comme un acte d'hostilité. Une fois encore, notre gouvernement avait laissé échapper l'opportunité d'agir à l'heure.

« Et maintenant, voici de nouveaux documents qui prouvent que le commandant Marchand n'a pas été poussé à Fashoda par une fantaisie d'explorateur :

« A l'annexe du Livre Bleu anglais, nous lisons dans la lettre du sirdar Kitchener du 21 septembre 1898, adressée à lord Cromer, le récit suivant de son entrevue avec Marchand :

« M. Marchand me dit qu'étant soldat, il n'avait qu'à obéir ; *les instructions de son gouvernement d'occuper le Bahr-el-Gazal* et le *moudirieh* de Fashoda, *étaient précises*, et les ayant exécutées, il devait attendre des ordres pour une action et des mouvements ultérieurs. »

« Plus loin, le commandant Marchand ayant contesté la supériorité des troupes du sirdar, celui-ci continue : « Il (Marchand) me demandait de vouloir bien considérer sa situation et permettre que la question de son départ de Fashoda fût soumise à son gouvernement, car il ne pouvait, *sans ordres, ni retirer, ni amener son drapeau.* »

« Enfin, le commandant Marchand répondant à la lettre du sirdar qui lui annonce son arrivée (annexe 3 du deuxième Livre bleu), Fashoda, 19 septembre 1898 :

« Ce devoir bien agréable rempli (il a félicité le sirdar de sa victoire d'Omdurman), je crois devoir vous informer que *par ordre* de mon gouvernement, j'ai occupé le Bahr-el-Gazal jusqu'à Meshra-el-Reck et au confluent de Bahr-el-Djebel, puis le pays Chillouk, etc. »

« Et voilà. Aujourd'hui, notre situation est la suivante : Non seulement la convention du 21 mars ne nous donne rien que nous ne possédions antérieurement, mais encore, nous sommes désormais la seule puissance européenne qui ne puisse plus exiger de l'Angleterre l'exécution de ses engagements à propos de l'évacuation de l'Égypte.

« Telle est la partie de la vérité que je puis dire pour le moment.

Interview de la *Libre Parole* :

« Lorsque le 16 juillet 1898, le capitaine Marchand et ses compagnons occupaient Fashoda, ils accomplissaient entièrement le programme initial dont j'avais été chargé en 1893 par M. Carnot, dont la véritable préoccupation était de rouvrir ainsi la question d'Egypte.

. . . .

« Si, comme le dit une conversation relatée par le livre bleu, il n'y a pas eu de mission Marchand, c'est M. Liotard, commissaire du gouvernement dans l'Oubanghi, qui était responsable. Et alors, ou M. Liotard a donné l'ordre au commandant Marchand d'aller occuper Fashoda et il était responsable d'un grave échec pour notre prestige national. Ou Marchand a agi de sa propre initiative, il a quitté son poste sans autorisation, il a pris des hommes, des bateaux et des munitions et il s'est targué auprès d'étrangers d'ordres qu'il n'avait jamais reçus. Il aurait dû être en conséquence traduit devant un conseil de guerre.

« M. Liotard a eu de l'avancement et a été nommé officier de la Légion d'honneur.

« Marchand a été fait commandeur et lieutenant-colonel.

« Lorsque Mangin fut nommé officier de la Légion d'honneur, sa nomination ne fut-elle pas ainsi libellée ?

« C'est lui qui vient d'occuper Fort-Desaix, ouvrant ainsi à la mission la porte du Bahr-el-Ghazal. »

« Voici, telles qu'elles sont données par M. Lebon dans la *Revue des Deux-Mondes*, une partie des instructions initiales qui furent transmises à Marchand :

« Au mois de septembre dernier, vous avez
« soumis à mon prédécesseur le plan d'une
« mission que vous vous offriez à remplir
« dans le Haut-Oubanghi, en vue d'étendre
« l'influence française jusqu'au Nil... Elle de-
« vait, dans votre pensée, remonter le Bali,
« et, parvenue au Bahr-el-Haur, gagner de là
« le Bahr-el-Ghazal, puis atteindre le Nil
« blanc à Fashoda...

« ..... D'une part, nous ne pouvons ni ne
« devons cesser nos bonnes relations avec les
« sultans ; de l'autre, si nous voulons avoir
« chance de devancer le colonel Colville sur le
« Nil, il faut aller de l'avant et pour ce faire,
« ménager les mahdistes. »

« Rien ne subsiste donc de ces sous-enten-
dus créés par un des intéressés, le colonel
Marchand n'a pas outrepassé la mission qui
lui avait été confiée ; il a strictement obéi à la
consigne qui lui avait été donnée ; il a accompli sa tâche sans faiblesse. »

APPENDICE C

Le chapitre suivant a paru dans le journal le *Gaulois* en août 1895. Il n'a été l'objet d'aucune rectification. Même M. Casimir-Perier a reconnu, dans une conversation publique, qu'il contenait une très grande part de vérité.

POURQUOI M. CASIMIR-PERIER

A DONNÉ SA DÉMISSION

« La retraite de M. Casimir-Perier ne fut pas le résultat d'une pression exercée sur lui par les événements ou par les hommes, non plus que d'une intrigue ourdie contre lui par l'égoïsme d'ambitions à qui sa fortune portait ombrage. Elle n'eut pas d'autres causes que le conseil de sa propre réflexion. M. Casimir-Perier se donna à lui-même les raisons de se retirer; non par lâcheté, il avait fait ses preuves de courage; non sous l'influence de sa famille qui, au contraire, tenta jusqu'au dernier moment de le détourner de son projet; mais pour obéir à ce qui lui parut être le sentiment da sa dignité personnelle, pour ne pas laisser compromettre l'institution de la Présidence par les injures dirigées contre sa personne, et aussi et surtout parce qu'il vit l'impossibilité de mener à bien l'œuvre qu'il estimait avoir reçu mission d'accomplir.

« On se rappelle les conditions difficiles dans lesquelles M. Casimir-Perier inaugura sa présidence. Impossible de débuter par des faveurs, par des grâces, par des mesures d'apaisement. Sous le coup de l'émotion profonde où le meurtre de M. Carnot avait plongé le pays, le gouvernement avait pour devoir strict de punir l'assassin et d'édicter, contre ses complices de fait ou d'intention, une législation rigoureuse. Le procès des Trente avait été engagé sous le ministère même de M. Casimir-Perier. M. Casimir-Perier président ne pouvait infliger un démenti à M. Casimir-Perier ancien ministre. C'était, pour lui, l'interdiction d'ouvrir sa présidence par une amnistie, puisque les actes qui s'imposaient étaient, au contraire, des actes de rigueur et de châtiment.

« Du reste, M. Casimir-Perier n'aimait pas son élévation. Elle n'ajoutait à son train de vie, toujours d'une luxueuse élégance, qu'une pompe fastidieuse et une étiquette dont il était le prisonnier impatient.

« Par les hautes fonctions qu'il avait antérieurement exercées, par son nom, par sa réputation d'homme d'État aux volontés nettes et énergiques, par la fortune personnelle et par le rang social qu'il avait reçus en patrimoine, il occupait non pas seulement en France, mais en Europe, une place importante. La présidence ne lui apportait rien qu'une consécration platonique et décorative dont il se serait volontiers passé, car il n'avait pas la vocation du rôle qu'elle lui imposait.

« Son élection avait été un acte d'aberration, non pas tant de sa part que de celle de ses amis qui l'avaient contraint à accepter une tâche sous le poids de laquelle il devait nécessairement succomber.

« Il faut se rappeler quel était, à ce moment, l'état d'esprit du Centre. Son rêve était une façon de Seize Mai favorisé par un besoin de réaction contre la presse et d'épuration du personnel politique dont la propagande anarchiste et les scandales de Panama lui fournissaient le prétexte et l'occasion. Dans les couloirs du Parlement cela se traduisait par « la nécessité d'arrêter la république sur la pente révolutionnaire et socialiste. »

« Pour cela, était-il habile de mettre à l'Élysée un homme dont le nom symbolisait avec trop de force l'idée de conservation politique et de richesse acquise? Chef reconnu de la haute bourgeoisie, cet homme ne serait-il pas immédiatement tenu en défiance par le peuple? N'aurait-il pas, dès la première heure, des préventions contre lui? Son élection n'aurait-elle pas toutes les apparences de l'avènement d'une classe? Et la popularité ne lui viendrait-elle pas d'autant moins qu'il était obligé de commencer par demander aux Chambres des lois de répression et de dresser un échafaud ?

« Quelques hommes clairvoyants, au lendemain de la mort de Carnot, avaient essayé de faire comprendre que la république n'avait pas d'intérêt à placer à sa tête un homme auquel on avait fait une légende de sa fortune, un homme que l'on appelait couramment « l'homme aux quarante millions. » Faire cette élection, c'était réunir, confondre le pouvoir politique et la puissance capitaliste, c'était, par conséquent, faire la partie beaucoup plus belle aux socialistes-révolutionnaires que l'on prétendait écraser.

« Les quelques républicains de gouvernement qui tenaient ce langage ajoutaient encore que la présidence de la république ne doit pas être occupée par les chefs de partis ; que la place des hommes de lutte est à la présidence du conseil et non à l'Élysée ; qu'il ne faut pas que le président de la république ait une personnalité trop accentuée, trop énergique, qu'il faut au contraire dans cette fonction un personnage à la physionomie moins nettement combative et militante, un homme avant tout décoratif, que personne ne puisse à *priori* suspecter d'hostilité contre tel ou tel groupe politique, qui n'interdise l'espérance à personne, qui soit, en un mot, à l'Élysée, une porte ouverte. M. Casimir-Perier était une porte fermée.

« L'inconvénient qu'il offrait, d'autres l'auraient offert avant lui. Gambetta et Ferry, malgré leur incontestable supériorité intellectuelle, auraient été de moins bons présidents que Grévy et Carnot. C'est que l'un et l'autre, par le tour de leur caractère et la qualité de leur esprit, sortaient plus de l'ordinaire et du commun.

« Or, avec les mœurs politiques qu'on lui a faites, notre temps, qui veut se reconnaître dans son chef, ne le souhaite pas trop éminent. La présidence de la république est la première place. Mais on l'a réduite à n'être qu'une place en lui retirant son caractère de haute fonction politique et sociale. Et c'est pourquoi ce n'est pas toujours le meilleur qui est le plus apte à l'occuper.

« Ces réflexions, on les faisait timidement dans l'entourage de M. Casimir-Perier. Lui-même partageait l'opinion de ceux qui combattaient sa candidature. Mais un vent de folie passait sur les modérés, — le même vent qui souffla encore sur eux quand ils tentèrent de recommencer M. Casimir-Perier avec M. Waldeck-Rousseau, — et la première magistrature de la république fut imposée à l'homme le moins préparé à l'exercer.

*
* *

« Une fois élu, il prit absolument au sérieux tout ce qu'il avait entendu dire pour vaincre sa résistance pendant les trois jours que cette résistance avait duré. On lui avait dit que, pour la représentation de la France au dehors et pour le salut de la République au dedans, son sacrifice était nécessaire. On lui avait promis, en retour, une abnégation sans réserve. Ceux qui devaient voter pour lui étaient venus l'assurer de leur concours, de tout leur dévouement. Ils l'aideraient de toute leur fidélité, de tout leur pouvoir...

« Dans la fièvre de cette crise, M. Casimir-Perier avait ajouté foi à ces propos. Certes, au point de vue extérieur, sa personne pouvait être tenue pour préférable à toute autre. Son nom historique, sa fortune, sa qualité de représentant d'une façon de dynastie lui donnaient devant les gouvernements étrangers et devant l'opinion publique du monde un avantage marqué sur ses compétiteurs. Mais si, à l'extérieur, il pouvait justement espérer servir la république, il eut le tort de se laisser convaincre (avec quelle peine y réussit-on !) qu'il servirait également la république à l'intérieur. Enfin, il eut le tort plus grave de compter sur la sincérité et surtout sur la constance des concours qui s'offraient à lui.

« Quel concours peut-on prêter à un président de république ? C'est de ne pas renverser les ministères qu'il forme, de ne pas contrarier la politique qu'il préfère.

« Quand un président s'appelle Carnot, quand il est l'élu de la concentration républicaine, on peut, sans l'atteindre personnellement, renverser ses cabinets, car chaque parti a le droit de lui dire : « Vous êtes à nous autant qu'aux autres. Vous ne sauriez, équitablement, marquer de préférence pour telle ou telle fraction de l'élément républicain. »

« Mais M. Casimir-Perier avait été élu dans d'autres conditions que M. Carnot. Il était l'homme des modérés, des républicains du centre. Le parti modéré s'était, avec lui, emparé de la puissance publique, avec l'intention de s'en servir exclusivement pour le triomphe des idées de conservation politique et sociale.

» M. Casimir-Perier devait donc attendre de tous les modérés qu'ils se serrassent autour de ses ministres, quels qu'ils fussent. Vouloir qu'il gouvernât pour eux et renvoyer ses collaborateurs, c'était lui rendre impossible la tâche à laquelle on l'avait convié.

« Mais, après les effusions de la crise, la réalité apparut.

« Au moment de l'élection présidentielle, M. Dupuy était président du Conseil. Il avait même accepté ce poste contre l'avis de M. Casimir-Perier, mais sur les instances de M. Carnot, qui lui avait tenu ce langage :

« L'expiration prochaine de mes pouvoirs suscite de nombreux conflits d'ambitions. Je ne peux pas déclarer que je ne me représenterai pas. Car cette déclaration diminuerait mon autorité aux yeux de l'Europe. A vous, je dis que mon parti est pris. Mais visiblement, la Chambre est modérée. C'est donc vous que je prie de former un gouvernement, car vous y aurez la majorité. Si vous refusez, je n'ai plus qu'à écrire un message et à me retirer. »

« C'est dans ces conditions que M. Dupuy avait pris la succession de M. Perier. D'où un premier malentendu entre lui et les amis de l'ancien président du Conseil, enclins à suspecter l'homme qui avait accepté de remplacer « leur homme ». M. Dupuy avait ensuite posé sa candidature à la présidence de la république au moment où il savait que M. Perier résistait aux instances de ses amis. Cette candidature une fois posée, il l'avait maintenue. D'où un second malentendu entre lui et le Centre.

« L'élection présidentielle faite, la question ministérielle se posa. « Qui remplacerait M. Dupuy ? » telle était l'unique formule de cette question. On ne se demandait même pas si, d'aventure, M. Dupuy ne pourrait pas tout simplement rester aux affaires, tant cette solution semblait incompatible avec la présence de M. Casimir-Perier à l'Elysée.

« Ce fut pourtant celle-là qui prévalut. M. Perier avait pensé tout d'abord à M. Burdeau. Mais M. Burdeau était dans un état de santé qui ne lui permettait pas d'assumer l'écrasant labeur d'un chef de gouvernement. Les médecins lui interdirent d'accepter. Il dut se dérober aux instances de M. Casimir-Perier. Celui-ci fit alors un retour vers M. Dupuy.

« Les deux présidents se connaissaient depuis longtemps. Ils avaient fait partie ensemble, depuis 1885, de toutes les commissions du budget. Leurs relations étaient d'une cordialité qui touchait à l'amitié.

« La candidature de M. Dupuy à la présidence de la république n'avait pas, comme on s'est plu à le dire, contrarié M. Casimir-Perier, à qui l'on peut reprocher des erreurs politiques, mais dont l'âme ne connaît pas les sentiments bas de l'envie et de la rancune. Au surplus, M. Casimir-Perier tenait M. Dupuy pour ce qu'il est : un honnête homme, très énergique, ayant prouvé cette énergie par de nombreux actes et notamment par la fermeture de la Bourse du travail, haï des collectivistes, mais contre qui la haine était forcée de se contenter de l'insulte, la calomnie n'ayant pas de prise sur son indéniable probité.

« Le nouveau président de la république demanda donc à son compétiteur de la veille de garder le pouvoir. Celui-ci accepta, à la condition que tous les ministres qu'il avait choisis seraient maintenus avec lui.

« C'était évidemment le parti le plus digne ; mais, au point de vue parlementaire, ce n'était pas le plus habile. M. Dupuy agissait avec une parfaite loyauté en conservant tous les ministres qu'il avait choisis un mois auparavant. Mais, ce faisant, il causait bien des déceptions.

*
* *

« Les promoteurs de la candidature Perier avaient compté que le pouvoir leur serait remis. Avec M. Burdeau, ils se seraient partagé les portefeuilles. Avec M. Dupuy, ne faisant dans son cabinet aucun remaniement, leur attente fut trompée.

« M. Dupuy n'appartenait à aucune des petites bandes de camarades qui, de temps immémorial, se partageaient l'influence au palais Bourbon. Il n'avait pas connu Gambetta; il avait peu connu Ferry. Il était entré au ministère de l'instruction publique désigné par sa spécialité et non pas porté par un groupe. Dans la formation de son cabinet, le souci des groupes n'avait joué qu'un rôle à peu près nul. Il n'avait pas fait appel aux anciens ministres, aux vieux chefs. Il avait choisi des jeunes gens.

« Déjà, dans son premier ministère, il avait fait entrer M. Poincaré. Dans le second, il avait appelé MM. Barthou, Leygues, Hanotaux, dont on peut aimer ou ne pas aimer les personnalités, mais qui sont trois nouveaux de talent. Le choix de M. Félix Faure pour la Marine avait été un acte personnel de M. Dupuy, et non pas une avance au groupe modéré auquel M. Faure appartenait, mais dont il n'était pas le représentant préféré, car il n'en partageait pas toutes les passions.

« Ces choix de « nouveaux » et de « jeunes » avaient irrité les vétérans ministrables, qui voyaient avec dépit occuper des places qu'ils estimaient leur revenir de droit. D'autre part, le rajeunissement du personnel de la république, qui devait satisfaire toutes les ambitions nouvelles, irrita parmi les nouveaux beaucoup de ceux qui n'avaient pas été appelés. Combien se dirent : « Pourquoi Barthou, pourquoi Leygues, pourquoi Hanotaux ? Et pourquoi pas moi ? »

« Le cabinet Dupuy, restant sous le président Perier ce qu'il avait été sous le président Carnot, se représenta donc devant la Chambre avec les éléments de force qu'il tirait de la valeur personnelle de quelques-uns de ses membres, mais aussi avec la faiblesse résultant du mécontentement sourd que sa composition même avait semé çà et là sur les bancs de ceux qui auraient voulu être ministres et qui ne l'étaient pas.

« On a beaucoup parlé de certains procédés désobligeants dont quelques ministres auraient usé envers M. Casimir-Perier. Il n'y eut, à vrai dire, qu'un incident de ce genre. M. Hanotaux, à qui M. Casimir-Perier demandait de venir travailler avec lui, lui aurait répondu : « Ayant été votre subordonné aux affaires étrangères, je ne puis venir travailler avec vous ; car on ne manquerait pas de dire que vous êtes toujours ministre dans mon ministère. »

« M. Casimir-Perier fut un peu interloqué. Et on trouvera sans doute qu'il avait quelque raison de l'être lorsqu'on saura que c'est sous son propre ministère qu'avait eu lieu, entre la Russie et la France, l'échange des signatures de la convention existant entre les deux pays. Mais il n'insista pas. Il ne parla même de l'incident que par hasard, un jour que M. Dupuy, faisant, pendant une absence de M. Hanotaux, l'intérim des affaires étrangères, apporta à l'Élysée le portefeuille des dépêches.

« Un autre petit fait put étonner le président de la république. Ce fut le dépôt par M. Poincaré, ministre des finances, d'un cahier de crédits supplémentaires dont M. Perier n'avait pas eu connaissance. Ce fait, qui paraît anormal, était entré sous M. Carnot dans les habitudes courantes de l'Elysée. Très bon, et poussant le respect de la Constitution jusqu'à oublier les prérogatives de sa fonction, M. Carnot avait toujours souffert que ses ministres prissent en dehors de lui, pour les affaires courantes, des décisions auxquelles il donnait toujours sa signature.

« M. Casimir-Perier comprenait autrement ses droits. Il en avait peut-être même une idée légèrement exagérée. Il se considérait comme le président du conseil des ministres qui se tenait dans son cabinet et prétendait que rien ne fût fait sans sa participation. Incontestablement, en théorie, il avait raison. Mais il y a loin des rigueurs de la théorie aux possibilités de la pratique.

« Quoiqu'il en soit, l'incident Hanotaux et l'incident Poincaré dont, au surplus, M. Casimir-Perier ne s'exagéra pas l'importance, furent les seuls en leur genre. Les rapports des ministres et du Président furent toujours les plus corrects et même les plus cordiaux. Le Président était tenu au courant de tout, avant le conseil des ministres. Aucune affaire grave ne venait en délibération sans qu'il en eût été avisé.

« Tandis que les uns ont raconté que M. Casimir-Perier était comme tenu en quarantaine par des ministres déloyaux, d'autres l'ont représenté comme une sorte de maître despotique prétendant imposer ses volontés au conseil. Ainsi, combien de fois n'a-t-on pas dit que M. Casimir-Perier avait voulu les procès de chantage, que ces procès étaient son œuvre, qu'en frappant la presse il avait cherché à venger des injures personnelles ! Singulière vengeance qui, pour châtier M. Jaurès, aurait frappé M. Canivet ! C'est encore là une légende. Les procès de chantage, entamés sur une plainte de M. Canivet, ne furent même pas l'objet d'une discussion. On laissa le juge d'instruction suivre sur les traces que le principal intéressé lui-même avait imprudemment signalées.

« S'il n'eut pas à se plaindre de ses ministres, excepté dans la circonstance que nous avons relatée, pourquoi M. Casimir-Perier est-il parti ?

*
* *

« M. Casimir-Perier a donné sa démission à cause de la conception particulière qu'il avait, à tort ou à raison, de son rôle, parce qu'il se considérait moins comme le chef de l'État que comme le représentant d'une politique, comme le leader d'un parti, comme le chef d'un ministère. Se tenant toujours pour le président du conseil des ministres, il se sentit atteint par le vote qui renversa M. Dupuy.

« Aux ministres, quand il leur annonça sa résolution de se retirer, il dit : « Ce faisant, je manifesterai que nous avons toujours été d'accord. »

« A tous ceux qui vinrent le supplier de rester, il répondit : « Je ne veux pas aller à gauche. Je ne veux pas appeler M. Bourgeois. J'ai été élu non pour faire le jeu de la bascule mais pour accomplir une certaine tâche de préservation sociale. Faire un ministère radical, c'est manquer à mon mandat, c'est trahir la confiance que l'on a eue en moi... »

« Si encore, ajoutait-il, j'avais Burdeau ! Ce serait un relais. Mais Burdeau est mort, et je ne vois pas à qui confier la présidence du conseil. L'honneur, le respect de mon nom ne me permettent pas de passer de la politique de M. Dupuy à celle de M. Bourgeois. On ne me comprendrait pas. On m'a élu non pour être le Président qui laisserait tout faire, mais pour être un Président agissant. Je ne peux pas, par le choix d'un cabinet radical six mois après mon élection, m'associer à une action contre mes idées, contre mon parti, contre ce que je crois être le bien public. »

« Ce langage, il le tint à ses amis politiques, à ses ministres, aux siens. Sa mère, qui l'avait déterminé à accepter la candidature, fit, à dîner, le soir même de la démission, sur la prière de madame Casimir-Perier, une dernière tentative. On avait obtenu de lui que, jusqu'à ce qu'il eût vu sa mère, il ne rendrait pas sa résolution publique. Il fut inébranlable ; et, après le dîner, il fit prier les ministres de communiquer sans retard sa lettre de démission.

« La démission de M. Casimir-Perier fut donc amenée par des considérations politiques, celles d'un chef de parti ne voulant pas, malgré les fictions constitutionnelles, donner le pouvoir au parti adverse, et se trouvant en présence de cette obligation, quand la Chambre eut renversé le ministère dont la politique ressemblait de plus à la sienne.

« M. Casimir-Perier éprouva un vif dépit contre les députés modérés qui, en laissant tomber son cabinet, l'atteignirent lui-même, ainsi qu'il en jugeait. Il s'était imaginé qu'ayant exigé de lui, pour le faire entrer à l'Elysée, le sacrifice de ses goûts personnels, les républicains modérés se croiraient au moins tenus de faire trêve à leurs rivalités et se serreraient autour du cabinet que M. Casimir-Perier identifiait avec la présidence jusqu'à ce que l'œuvre de la politique modérée, c'est-à-dire la barrière contre la révolution, fût sinon achevée, du moins poussée assez avant pour qu'on ne la pût détruire aisément. Son cabinet renversé grâce à certaines défections du centre, il jugea que le pacte qu'il pensait avoir conclu avec les modérés était dénoncé, et il s'en alla.

« Un autre souci, chez lui, était que la constitution et la présidence de la république (l'institution elle-même) fussent atteintes par les attaques dirigées contre sa personne.

« Nul doute qu'il ne souffrît de ces attaques. Jusqu'à son ministère, il avait été un privilégié de la politique. Il n'avait pas été discuté, ni contesté, à plus forte raison pas injurié. Rallié de la première heure, rallié loyal, sincèrement républicain, ayant pris part à tous les combats pour la république, tous les partis l'avaient ménagé. Brusquement, tout changea. On épuisa contre lui les pires outrages. Il eut la surprise de se voir calomnié jusque dans son grand-père, dont la mémoire avait été jusqu'alors pour lui une égide...

« Dans les conversations intimes, il parlait avec amertume de cette campagne de presse menée contre lui. Mais sa dignité ne lui permettait pas d'en saisir le conseil des ministres. C'est sans lui que le conseil, sur la proposition d'un de ses membres, qui a eu depuis une haute fortune due à la confiance de son parti, décida les poursuites contre M. Gérault-Richard.

« M. Casimir-Perier laissa faire. M. Gérault-Richard, condamné, fut élu député pendant qu'il était détenu à Sainte-Pélagie. M. Millerand ayant demandé son élargissement immédiat, la Chambre le refusa. M. Casimir-Perier, à la suite de ce débat, dit à son entourage que, si la Chambre n'avait pas repoussé la proposition Millerand, il serait parti avec son cabinet. Le soir de ce même jour, il y avait réception à l'Élysée, et le Président se montra, avec ostentation, particulièrement empressé auprès de madame Charles Dupuy, avec qui il se promena longuement. On en conclut qu'il voulait témoigner ainsi la satisfaction que l'attitude du premier ministre dans la discussion lui avait causée.

« Les ministres et ses amis politiques, inquiétés comme lui par la campagne menée contre sa personne, et qui pouvait atteindre la présidence elle-même, cherchaient le moyen de l'arrêter. On ne pouvait pas songer à une nouvelle modification de la loi sur la presse. Dans le vote des lois de guerre contre les anarchistes, la Chambre avait donné son maximum. Elle se cabrerait si on lui demandait d'aller plus loin.

« Cette conviction était celle de tous. Mais quand M. Casimir-Perier, après la chute de M. Dupuy, eut fait connaître qu'il donnait sa démission, on osa aborder avec lui la question des attaques personnelles. On lui proposa de former un ministère, qui aurait pour unique programme d'apporter à la Chambre une nouvelle loi sur la presse.

« L'homme politique républicain, qui devait présider ce cabinet de combat, était trouvé. Il acceptait cette rude tâche, qui devait le vouer à l'impopularité. Nous ne le nommerons pas, car le courage dont il faisait preuve le compromettrait aujourd'hui auprès de ses amis, les pharisiens de la concentration républicaine. M. Casimir-Perier refusa. On insista en lui disant qu'après avoir ainsi obtenu une loi pour protéger la présidence elle-même, après avoir armé le pouvoir, il serait en meilleure posture pour s'en aller. Rien ne l'ébranla et il partit. »

Article de M. Marcel Habert dans le *Drapeau* du 9 juillet 1901.

« Maurice Barrès, avec son habituelle précision, a déjà répondu à l'information sensationnelle publiée par le *Figaro* sur la mission Marchand.

« Les propos prêtés au président Félix Faure sont, sur beaucoup de points, contraires à la réalité des faits et, si l'on insiste, j'apporterai ici mon témoignage personnel et j'appellerai à la rescousse d'autres et importants témoins qui ne pourront refuser de confirmer mes déclarations.

« J'étais député quand Marchand est parti et, comme beaucoup de mes collègues, j'ai été mis au courant de ce qu'il allait faire.

« Pendant toute la durée de sa marche vers Fashoda que nous avons tous suivie anxieusement, nous nous sommes préoccupés de savoir s'il arriverait à temps pour barrer la route aux Anglais.

« Peu de jours avant la rencontre de Kitchener et de Marchand, j'ai posé à ce sujet, à M. Delcassé lui-même, une question précise et s'il avait l'audace de prétendre que Marchand n'était pas parti avec l'ordre formel d'atteindre et d'occuper Fashoda, j'aurais le regret de lui rappeler la cruelle réponse qu'il me fit alors, et dont j'ai gardé le pénible souvenir.

« L'auteur de l'article s'est d'ailleurs chargé d'atténuer l'importance des considérations diplomatiques du président Félix Faure sur les origines du conflit de Fashoda, en rappelant l'énergique et grave observation faite par le président Carnot, au moment même du départ de la mission.

« Car il n'est pas permis de traiter de *bou-*

tade une phrase tombée des lèvres de cet homme sérieux toujours avare de paroles inutiles.

« Lorsque le président Carnot a dit que si Marchand parvenait au Haut Nil, c'est-à-dire à Fashoda, *nous serions en meilleure posture pour engager la conversation au sujet de l'Égypte*, il a dit la vérité et réfuté par avance, en en précisant le but et la portée, tous les commentaires mensongers qui tendent à diminuer l'importance et à fausser le caractère de la mission Marchand.

« Je considère donc momentanément le débat comme clos par cette parole décisive du président Carnot, dont l'acte non moins décisif du président Félix Faure, que nous révèle l'article du *Figaro*, n'a été que la conséquence logique.

« Car le *Figaro* nous apporte une révélation capitale qui fait éclater aux yeux de tous les patriotes le danger mortel auquel nous expose le régime parlementaire.

« Nous savons maintenant que, lors de l'affaire de Fashoda, alors que nous étions à deux doigts de la guerre avec l'Angleterre, le président Félix Faure, d'accord avec quelques hommes d'État dont c'est l'honneur, ne craignit pas de violer ouvertement la Constitution parlementaire, pour prendre les mesures de défense imposées par la nécessité, et que, sans consulter les Chambres, il engagea pour près de cent millions de dépenses en préparatifs de guerre.

« Je n'hésite pas à dire qu'il a bien fait et je ne suis pas surpris qu'il ait osé prendre une telle décision, car je sais et tous ses intimes savent, qu'il était depuis longtemps résolu, en cas de guerre imminente, à signer le décret de mobilisation avant d'avoir réuni le Parlement, c'est-à-dire à fouler aux pieds la Constitution pour sauver la France. »

APPENDICE D

MM. Herbette et Goblet ont adressé l'un au directeur du *Figaro*, l'autre au directeur du *Temps* les lettres dont voici le texte :

« 20 juillet 1901.

» Monsieur le directeur,

» Les « propos » du président Félix Faure sur les circonstances dans lesquelles s'est dénoué, en 1887, l'incident Schnæbelé, tels que les rapporte votre collaborateur Saint-Simonin dans le *Figaro* d'hier, sont inexacts en ce qui me concerne.

» Je n'ai jamais eu entre les mains l'original de la lettre de rendez-vous écrite par le sieur Gautsch au sieur Schnæbelé, et je n'ai pu, par conséquent, le remettre à M. de Münster pour qu'il le communiquât à l'empereur Guillaume Ier.

» Je n'ai eu à ma disposition que la photographie de ce document, et je l'ai portée, sans hésitation, au comte Herbert de Bismarck, secrétaire d'État aux affaires étrangères, qui l'a mise sous les yeux du chancelier.

» L'affaire Schnæbelé a été réglée en moins d'une semaine par la voie diplomatique et dans la forme ordinaire. Mais elle avait revêtu, par l'effet de l'excitation des esprits à cette époque, un caractère critique, et il n'est pas surprenant que certains personnages qui y ont été mêlés de près ou de loin se targuent gratuitement d'avoir contribué alors au maintien de la paix.

» Je vous prie de vouloir bien publier cette rectification dans l'intérêt de la vérité historique, et d'agréer, monsieur le directeur, l'expression de mes sentiments très distingués.

» Jules Herbette,
» Ancien ambassadeur à Berlin. »

⁂

« Les Grands-Pierres,
» par Mondoubleau (Loir-et-Cher).
» 20 juillet 1901.

» Monsieur le directeur,

» Le *Temps* de ce jour reproduit à propos de l'affaire Schnæbelé certains renseignements qui me paraissent fort sujets à caution.

» Je ne vois pas comment l'ami de M. Félix Faure, qui ne faisait pas partie du ministère à cette époque, a pu connaître ce qui se serait passé, dit-il, entre M. Herbette et le comte Münster à Berlin.

» Ce que je puis affirmer, c'est que, lorsque, sur ma demande, les originaux des lettres

Gautsch m'ont été apportés par un commissaire de police envoyé du préfet de Meurthe-et-Moselle, M. Schnerb, je me suis empressé de les remettre au ministre des affaires étrangères, M. Flourens, qui en a fait faire des photographies.

» Ce sont ces photographies, et non les originaux eux-mêmes, que M. Flourens a été chargé d'adresser avec nos instructions à notre ambassadeur.

» Cette rectification me paraît mériter d'être enregistrée, et je prends la liberté de vous l'adresser en vous priant d'agréer, monsieur le directeur, l'assurance de mes sentiments les plus distingués.

» RENÉ GOBLET. »

Nous donnons ici l'article publié dans le *Drapeau*, le 24 juillet 1901 par M. H. Galli, conseiller municipal de Paris.

« Les notes que publie dans le *Figaro* un

ami de M. Félix Faure, mettent en cause un grand nombre d'hommes politiques dont quelques-uns disparus et dont les réponses ne sont plus à craindre. Un chapitre de ces souvenirs anonymes est consacré à l'incident Schnæbelé qui faillit provoquer la guerre en avril 1887 entre la France et l'Allemagne. Le confident de Félix Faure y évoque les noms des principaux personnages, alors mêlés à l'affaire : M. Grévy, M. Flourens, M. Goblet et le général Boulanger. M. Goblet a déjà rectifié, en ce qui le concerne et contesté l'exactitude du récit. Nous la contestons également au sujet du rôle prêté au général Boulanger.

« En 1887, le général, alors ministre de la guerre, n'eut qu'un souci — bien légitime et qui lui fait honneur — celui de son devoir, celui de sa responsabilité. Il se prépara à la guerre ; il se préoccupa d'assurer, en cas de conflit, la défense nationale et, particulièrement, de garnir la frontière des troupes de couverture qu'il jugeait nécessaire, mais il n'intervint en rien dans les négociations diplomatiques ; il ne proposa, en aucune façon, ainsi qu'on l'a prétendu, au conseil des ministres, d'adresser un ultimatum à Berlin. Il se contenta de faire observer que, si la guerre éclatait, les régiments de l'Est ne suffiraient pas à protéger notre mobilisation, et il demanda l'envoi immédiat d'un certain nombre de bataillons détachés pour les renforcer et occuper des points stratégiques déterminés.

« Il est vrai que M. Grévy s'opposa de parti pris à ces mesures et que le ministre menaça de donner sa démission.

« Tel fut alors l'attitude du général Boulanger.

« Pas un instant, il n'agit ni en politique, ni en diplomate ; il laissa à ses collègues le soin de régler des questions qui n'étaient pas de sa compétence ; il parla en soldat, en chef de l'armée.

« Quatre ans plus tard, à Bruxelles, en 1891, peu de temps avant son suicide, le général Boulanger nous a fait à nous-même le récit de ces incidents émouvants. Il n'avait jamais songé à déchaîner la guerre ; mais, sûr de l'armée, fort de la confiance de la nation, il voulait doubler nos chances de succès. On l'accusa alors — en Allemagne et en France, hélas ! — de provocation ; mais les dispositions qu'il voulait prendre, en avril 1887, n'en étaient pas moins si sages et si utiles, que le général Ferron, son successeur, dut les appliquer quelques mois plus tard et réorganiser le service des troupes de couverture. »

Cet article nous suggère une réflexion. Après avoir annoncé qu'il va contester l'exactitude du récit fait par M. Félix Faure à son ami, M. H. Galli confirme ce récit.

Qu'a dit M. Félix Faure ?

« Le général Boulanger voulait prendre des
» mesures militaires qui auraient peut-être été
» trop apparentes... M. Grévy s'y opposa. »

Que dit M. Galli, parlant d'après le souvenir des conversations qu'il a eues avec le général Boulanger?

« Le général Boulanger demanda l'envoi im-
» médiat dans l'est d'un certain nombre de ba-
» taillons détachés pour occuper des points stra-
» tégiques déterminés… M. Grévy s'opposa de
» parti pris à ces mesures… »

Donc M. H. Galli et l'ami de Félix Faure s'accordent pour faire le même récit, presque dans les mêmes termes. Et ce qui voulait être une rectification est une confirmation de l'exactitude historique des « Propos ».

L'*Éclair* du 21 juillet a publié l'article suivant : nous le reproduisons d'autant plus volontiers qu'il répare une injustice, involontairement commise sans doute par M. Félix Faure, à l'égard de M. René Goblet, un des hommes les plus respectables et les plus considérables du parti républicain.

« Le dernier article de M. Saint-Simon sur
» les propos du président Félix Faure », article

que nous avons reproduit en partie, appelle l'attention sur une des périodes les plus critiques qui aient été traversées par la troisième République. La guerre pouvait sortir de l'affaire Schnæbelé, cela ne faisait doute pour aucun des membres du gouvernement d'alors, surtout lorsqu'ils songeaient que M. de Bismarck pouvait être l'artisan des difficultés survenues entre les deux pays.

« Le confident de M. Félix Faure attribue au président Grévy tout l'honneur d'avoir mené à bien les négociations engagées alors entre les gouvernements français et allemand et il le félicite d'être sorti de son rôle de président irresponsable pour accomplir ce qu'il avait cru, avec raison, être son devoir.

» Nous étions, écrit M. Saint-Simon qu'il nous faut citer à nouveau, assez mal parés au point de vue diplomatique. Flourens n'était ministre que depuis trois mois. Il n'avait pas encore eu le temps d'acquérir cette autorité personnelle qui ne vient qu'avec le temps et qui est indispensable à un ministre des affaires étrangères. On ne le connaissait pas.

» Heureusement que M. Grévy était là. Il fut vraiment alors la tête agissante du gouvernement français. En dépit de la fiction d'irresponsabilité, il agit ; en quoi il fit son devoir absolu. Car si le président de la République, quand la patrie peut-être en danger, devait se borner à donner des signatures, il ne serait qu'un méprisable figurant.

« M. Grévy mit de l'ordre dans le conseil des ministres en lui communiquant son sang-froid. Les ministres ne désiraient pas la guerre. Mais ils croyaient qu'on voulait nous la faire.

» Boulanger, au premier conseil, proposait qu'on ordonnât des mesures militaires qui auraient peut-être été trop apparentes. Le père Grévy l'entraîna dans une embrasure de fenêtre, lui prit les mains, lui prodigua les exhortations :

» — Calmez-vous, mon cher général. Nous sommes tous aussi indignés que vous. Mais il n'y a peut-être rien d'irréparable. Préparons-nous. Mais que nos préparatifs n'aient pas l'air de menaces. Voyons venir. »

« Nous avouons que cette version nous parut toute nouvelle. Chaque fois que, depuis douze ou treize ans, nous avions entendu parler par les gens qui la connaissaient le mieux, de l'affaire Schnæbelé, il nous avait été affirmé que M. Goblet, alors président du conseil, avait été, en cette affaire, autre chose qu'un témoin entre le président de la République et le ministre des affaires étrangères.

« Ayant eu l'occasion de rencontrer, hier, un homme politique qui eut l'honneur d'être ministre à cette époque, nous lui avons demandé ce qu'il pensait de la révélation faite par le confident de M. Félix Faure.

UNE INJUSTICE

— L'article dont vous me parlez, nous dit-il, contient une souveraine injustice commise à l'égard de M. Goblet, président du conseil au moment de l'affaire Schnæbelé. Dans les réunions ministérielles qui eurent lieu à ce moment, l'attitude du président Grévy a, certes, été très belle et très correcte. Il était un partisan résolu de la paix et estimait que l'on devait tout tenter qui fût compatible avec notre dignité pour éviter la guerre. Telle était sa pensée très arrêtée et très nette et il est possible qu'il soit intervenu auprès du général Boulanger pour lui conseiller la prudence.

« Cependant, comme la guerre était possible d'un jour à l'autre, le ministre de la guerre n'en prit pas moins les mesures que lui commandaient les nécessités du moment et la responsabilité très grande qui lui incombait. Agit-il moins ouvertement, en raison des conseils de M. Grévy, cela est possible ; mais ce que je sais bien, c'est que le général Boulanger agit et qu'il eut raison de le faire.

LE RÔLE DE M. GOBLET

« Le confident de M. Félix Faure a raison de dire qu'au moment de l'affaire, M. Flourens, ministre seulement depuis trois mois, n'avait pu acquérir l'autorité indispensable à un ministre des affaires étrangères. Aussi, dès que se produisirent les complications de l'affaire Schnæbelé, M. Goblet, président du conseil, prit-il en mains les affaires étrangères. C'est M. Goblet qui eut toute la charge des négociations. Il écrivit, à cette occasion, plusieurs dépêches qui sont aux archives diplomatiques et qui peuvent être considérées comme des modèles de clarté, de prudence, de fermeté et d'énergie. C'est M. Goblet qui ouvrit et poursuivit l'enquête faite à la frontière. C'est sur ses ordres et sur ses indications que fut trouvée la lettre par laquelle l'agent allemand Gautsch invitait le fonctionnaire français à se rendre à la frontière pour y régler une affaire peu importante de borne-frontière.

LES NÉGOCIATIONS DIPLOMATIQUES

« Pour ce qui concerne le détail des négociations diplomatiques qui eurent lieu ensuite entre notre ambassadeur à Berlin et le gouvernement ou l'empereur d'Allemagne, j'avoue que je suis moins renseigné. J'ignore si M. de Münster s'est chargé d'être l'intermédiaire entre notre représentant et l'empereur allemand. Si cela est, nous ne pouvons que l'en féliciter et l'en remercier.

« Mais la pièce principale, celle qui a servi à faire aboutir les négociations et qui a démontré à M. de Bismarck lui-même qu'il était dans son tort, c'est la lettre de l'agent Gautsch, puisque c'est à la suite de cette communication que le gouvernement allemand a dû remettre en liberté M. Schnæbelé. Or c'est grâce à l'énergie, à l'activité de M. René Goblet que cette lettre avait été retrouvée.

M. RENÉ GOBLET ET L'EXPOSITION DE 1889

« D'ailleurs l'affaire Schnæbelé n'est pas la seule que le président du conseil de cette époque ait alors menée à bien. Vous vous souvenez peut-être qu'en 1888, un an avant l'Exposition universelle, une campagne avait été ouverte, dans le pays de la Triple alliance contre l'Exposition de Paris.

« En Autriche, notamment, la presse officieuse s'efforçait de représenter la France comme un centre de révolution perpétuelle. Pour un peu on nous eût mis au ban des nations et l'on écrivait couramment, dans les pays dont je parle, que les agitations de notre politique intérieure empêcheraient l'Exposition d'avoir lieu. Un ministre autrichien, M. Tisza, déclara publiquement que son pays ne participerait pas à cette manifestation universelle.

« Interpellé à la Chambre à cette occasion, M. Goblet y prononça un discours admirable de fermeté et de patriotisme qui fut applaudi par l'assemblée presque tout entière.

« Mais son action ne se borna pas à la tribune parlementaire. En même temps qu'il parlait à la Chambre, il adressait au gouvernement autrichien des représentations énergiques, si bien que, presque immédiatement après, l'Autriche annonçait officiellement que ses commerçants étaient autorisés à prendre part à l'Exposition universelle de Paris.

A CHACUN SELON SES ŒUVRES

« Voilà donc, en une année de pouvoir, deux circonstances difficiles dans lesquelles M. Goblet a servi la France d'une façon tout à fait remarquable.

« Loin de moi, assurément, la pensée de diminuer l'œuvre et les mérites du président Grévy, mais il me paraît souverainement injuste de lui attribuer, à lui seul, le bénéfice de négociations heureuses auxquelles il a participé, je le veux bien, mais dans lesquelles le personnage agissant et véritablement responsable avait été M. Goblet, président du Conseil.

« Laissez-moi ajouter que j'éprouve un plaisir véritable à rendre hommage à l'un des hommes qui ont été le plus maltraités par la politique.

« Depuis l'avènement de la troisième République, peu d'hommes politiques ont eu le talent et le caractère de M. Goblet. A un tempérament d'homme d'État de premier ordre qui sait voir toujours et avant tout les intérêts généraux du pays, il joint un désintéressement, une dignité de vie trop rares, hélas ! parmi nous.

« Puisse l'hommage trop sincère que l'*Éclair* me permet de lui adresser, adoucir les déceptions et les amertumes de l'abandon immérité dans lequel, depuis quelques années, a été laissé M. Goblet.

Voilà fidèlement reproduites et à titre documentaire les déclarations qu'a bien voulu nous faire l'ancien ministre qui fut, non le confident, mais le témoin des incidents de l'affaire Schnæbelé.

———

C'est encore à l'*Éclair* (1ᵉʳ août 1901) que nous empruntons l'article ci-après :

« Soit à la suite des propos prêtés au président Félix Faure, soit à la suite de la mort récente de Schnæbelé et de Hohenlohe, il a été longuement parlé des graves conséquences qu'eut l'incident de Pagny-sur-Moselle. Il n'est pas douteux que la guerre faillit en sortir et qu'on ne dut qu'à d'énergiques et adroites négociations d'éviter la catastrophe que M. de Bismarck, redoutant le réveil de l'esprit national en France avait songé à déchaîner.

« Le docteur Pichevin eut autrefois avec un personnage qu'il nous a nommé, mais qu'il ne nomme pas dans la lettre qu'il nous adresse, une conversation qui lui laissa une profonde impression et qu'il nota immédiatement sur son carnet.

« La version qu'il tenait tombait d'une bouche si autorisée, qu'en dépit de ce qu'elle avait d'inattendu quant au rôle direct et inconstitutionnel prêté à M. Grévy, il ne pouvait mettre en doute la parole de son interlocuteur, témoin du premier degré.

« Il nous demande de lui permettre de contribuer à l'éclaircissement de ce trait historique, en publiant la lettre ci-dessous, dont il est prêt à administrer la preuve si son interlocuteur ne s'y oppose point :

M. HERBETTE CHEZ GUILLAUME

« A une époque peu éloignée du début de

l'affaire Schnæbelé, j'étais à Vienne, chargé d'une mission scientifique. J'eus l'occasion de me trouver avec M. Alglave et quelques autres Français chez un homme fort au courant des questions internationales et en relations suivies avec le regretté archiduc Rodolphe. L'éminent Viennois qui nous recevait fit en notre présence des confidences fort intéressantes sur Boulanger en particulier. Il fut amené à parler de la guerre.

» La veille, il avait rendu visite à M. de Hohenlohe, de passage à Vienne. Le grand seigneur allemand avait affirmé que Bismarck, opposé à la guerre, faisait tous ses efforts pour l'éviter. « C'est possible, avait répondu notre hôte, mais de Moltke désire la guerre et, un de ces jours, passant par dessus la tête du chancelier, il agira sur l'empereur Guillaume qui signera la déclaration de guerre ». Hohenlohe, ajouta le confident du prince Rodolphe, garda le silence absolu.

» Plus tard, au cours d'un voyage en

Allemagne, je pus me convaincre que l'on s'était singulièrement mépris sur les intentions du prince de Bismarck.

» Que de Moltke voulût la guerre, le fait n'est que trop certain. Le parti militaire, dont il était le chef, pensait qu'il était temps d'abattre définitivement la France, dont la prospérité et la renommée militaire étaient un sujet d'inquiétude pour les officiers allemands. Mais ce que M. de Hohenlohe n'avait pas dit, c'est que Bismarck était absolument inféodé au parti de la guerre, qu'il en était l'âme et qu'il n'attendait que l'occasion favorable pour forcer la main à l'empereur Guillaume.

» J'eus l'honneur d'être reçu à Berlin par un personnage singulièrement bien placé pour parler des incidents qui avaient failli amener la guerre entre la France et l'Allemagne, à propos de l'arrestation de Schnæbelé.

» De l'avis de cet homme d'État, la guerre avait été imminente. Le prince de Bismarck s'enfermait dans un isolement farouche et de mauvais augure. Les communications qui se faisaient entre l'ambassade française et M. Herbert de Bismarck étaient plutôt fraîches. On était acculé aux pires extrémités, quand le président Grévy prit l'initiative d'écrire directement au roi Guillaume une lettre dans laquelle il plaidait, d'une façon aussi digne que pressante, la cause de la paix.

» Cette lettre qui ne fut pas lue au conseil des ministres et qui resta secrète, fut remise à l'empereur Guillaume par M. l'ambassadeur Herbette, *persona grata* à la cour impériale d'Allemagne.

» Guillaume, après avoir pris connaissance de la lettre de Grévy, après avoir entendu les explications données avec une conviction et une chaleur communicatives par l'ambassadeur de France, lui déclara spontanément qu'il faisait de l'incident Schnæbelé son *affaire personnelle*, qu'il le réglerait d'une façon équitable et honorable pour la France et que la guerre n'aurait pas lieu.

» Quelque temps après, M. Herbette rencontrait le prince de Bismarck qui, avec sa froide ironie, lui disait que le malentendu peu grave qui avait existé pendant quelques jours entre l'Allemagne et la France n'avait plus aucune raison d'être et devait être réglé amicalement.

» Le rôle de Grévy a donc été très important dans le règlement pacifique de cette malencontreuse affaire Schnæbelé, qui nous mit, à un moment où l'armée française n'était pas entièrement munie du fusil Lebel, à deux doigts de la guerre. Il est vrai de dire que le général Boulanger était singulièrement désireux d'en finir avec l'Allemagne et de régler nos différends avec elle les armes à la main. L'empereur Guillaume décida spontanément, et malgré les incitations qu'il subissait de tous les côtés, que la paix serait conservée.

» Je suis certain que le rôle de l'ambassadeur français à Berlin, lors de ce douloureux incident, a été tout à son honneur. Il n'a eu ni faiblesse, ni jactance. Il a su parler le langage de la raison, de la justice et de l'humanité. Il a fait valoir, comme il convenait, le bon droit de la France. Son intervention près de l'empereur allemand n'a certes pas été étrangère à la solution pacifique qui prévalut. En Allemagne et en France dans les hautes sphères gouvernementales, on s'accorde à rendre hommage à l'intelligente attitude de M. Herbette. C'est une justice à lui rendre publiquement. »

Malgré sa forme discourtoise nous croyons devoir reproduire la dépêche suivante que le *Gaulois* dit avoir reçu de son correspondant de Berlin :

« Berlin, 22 juillet.

» L'article dans lequel le *Figaro* fait parler feu le président Faure sur l'affaire

Schnæbelé ayant été reproduit par plusieurs journaux, j'ai tenu à me renseigner à son sujet auprès de personnes exactement informées. Et voici ce qui m'a été répondu :

» — Ce que vient de raconter le *Figaro* relativement au cas Schnæbelé est de tous points fantaisiste. Le prince Münster-Dernebourg n'a ni mérité, ni démérité en tout ce qui concerne cette malheureuse affaire. Absent de Paris lors du malencontreux incident de Pagny-sur-Moselle, il n'a nullement eu à intervenir dans son règlement. Et il n'est intervenu en aucune manière.

» Le chargé d'affaires qui remplaçait alors à Paris l'ambassadeur allemand absent, et qui a eu à s'occuper, de façon immédiate, du cas Schnæbelé, était le comte de Leyden. Et c'est surtout grâce, d'une part à ses rapports, clairs autant qu'énergiques, sur l'émotion énorme causée en France par l'arrestation de Schnæbelé, et, d'autre part, à la connaissance, bientôt acquise, que cette arrestation s'était produite dans des « con-

» ditions moralement inadmissibles », qu'a pu s'effectuer rapidement la mise en liberté du commissaire spécial de Pagny-sur-Moselle.

» Il va sans dire que, de son côté, le gouvernement français avait fait le nécessaire pour éclairer le gouvernement allemand sur l'illégalité d'une pareille arrestation. Mais les paroles que le *Figaro*, en racontant à nouveau l'événement, met dans la bouche du feu président Faure sont et demeurent de la fantaisie pure. »

On remarquera que « le correspondant » n'indique pas la provenance de ses renseignements ». Il nous semble que le prince de Münster-Derneburg aurait eu qualité et autorité pour démentir un récit dans lequel on lui prête un rôle. Or, M. de Münster n'a pas écrit un mot ni fait un signe de désaveu. Nous croyons puisque MM. Goblet et Herbette le disent, que l'original de la lettre Gautsch n'a pas été envoyée à Berlin, qu'on y a fait parvenir seulement des photographies de cette pièce décisive. Mais l'une de ces photographies n'a-t-elle pas été portée par

M. de Münster à l'empereur Guillaume Ier. Par cette hypothèse se concilierait à la fois la version qui fut donnée à M. Félix Faure et qu'il répéta à son ami, le silence gardé par M. de Münster devant une publication qui le met en cause et les rectifications de MM. Herbette et Goblet.

M. Millevoye a donné dans la *Patrie* la version suivante de l'Affaire Schnæbelé :

« Je fus l'ami du général Boulanger. Il m'a raconté vingt fois les péripéties de sa carrière, traversée par tant de déceptions cruelles. Il s'exprimait avec fierté sur le rôle qu'il a joué dans la terrible aventure de 1887. Son récit mérite d'être conservé pour l'histoire.

« Il n'est pas vrai que la guerre ait été évitée par l'accord direct du président Grévy et de l'ambassadeur allemand. Il n'est pas vrai que l'Allemagne se soit arrêtée devant la *modération* recommandée et imposée par l'Elysée. Il n'est pas vrai qu'une diplomatie occulte ait contrecarré les effets de la politique machiavélique et brutale du chancelier de fer.

« Le vieil empereur céda, il obligea son redoutable ministre à se résigner à la paix, quand il eut acquis la conviction absolue que l'épée de la France était posée à la frontière et la certitude qu'il ne pourrait, sans une lutte de géants, la briser ou la prendre.

« Dans les conseils de cabinet que présida Grévy, des propositions d'une ignominieuse lâcheté furent formulées. Un homme d'Etat dont notre ami Ferrette a heureusement débarrassé le Parlement conseilla de retirer les troupes françaises des départements de l'Est. Boulanger se leva, pâle de colère ; il mit son portefeuille sur la table. « Je me retire, s'écria-t-il, la France connaîtra les motifs de ma démission. » C'est alors que le chef de l'Etat s'appliqua à le calmer. Le funeste avis donné par un ministre affolé fut repoussé. Le ministre de la guerre resta à son poste périlleux.

« Le chef de l'armée avait alors la confiance enthousiaste des soldats. Cette considération pesa d'un grand poids dans les balances du destin. Elle donna beaucoup à réfléchir au Kaiser : et l'état-major allemand en a reconnu lui-même la gravité. Notre démocratie armée eût suivi sans hésitation le général déjà populaire dans la défense des foyers menacés. La guerre eût été nationale et, par conséquent, implacable.

« J'associe impartialement les noms de trois hommes à cet hommage historique... : Goblet, Flourens, Boulanger. Ils ont été tous les trois, dans cette circonstance suprême, à la hauteur de leur grande mission. La politique les sépara depuis. Mais, ce jour-là, le patriotisme les unit pour le salut de leur pays.

« Boulanger prit les mesures militaires que comportait la situation. Il est faux que ces précautions défensives aient été atténuées par l'intervention du président Grévy. Il est ridicule de croire que la sensibilité de Bismarck ait été touchée des *bons procédés* de la diplomatie élyséenne. L'Allemagne nous a *tatés* : elle a été étonnée, puis effrayée de nous trouver si résistants. Nous n'avons été sauvés que par notre virilité.

« Je n'éprouve aucun embarras à rendre justice à M. Goblet. J'ai proclamé, dès 1889, devant les électeurs d'Amiens, et malgré les vivacités de la lutte politique, ce que je pense, ce que je sais de l'attitude du Président du Conseil de 1887. « L'Allemagne, avait osé objecter M. Herbette, a le droit de dire : *Ego nominor leo* ». M. Goblet rappela rudement son ambassadeur au respect de la France : et, dans ces débats angoissants, il ne fut pas un instant l'avocat de la timidité.

« La République, dans cette épreuve noblement supportée, fut digne de la France. »

Autre explication de l'affaire Schnæbelé donnée, celle-là aussi, dans la *Patrie*, journal de M. Millevoye.

UNE PAGE D'HISTOIRE

« Un diplomate étranger ayant rempli, lors de l'affaire Schnæbelé, de hautes fonctions dans une des grandes chancelleries européennes m'adresse le récit des incidents qui auraient pu provoquer la rupture des relations diplomatiques entre la France et l'Allemagne, et qui ont suscité dans le monde entier une légitime émotion.

« La qualité de mon correspondant, la précision et l'importance de sa communication, donnent à la lettre que nous publions plus loin le caractère d'une rectification sensationnelle.

« L'hommage rendu à l'habileté, à la fermeté de notre ministre des affaires étrangères, M. Emile Flourens, mérite d'être retenu par les bons Français. Ils n'oublieront pas non plus que, dans cette circonstance décisive, le concours de la Russie ne nous a pas fait défaut. »

Nous livrons cette page d'histoire aux réflexions des patriotes.

« ... Sur le rôle qu'ont pu jouer dans cette affaire le Président de la République ou ses ministres, je ne saurais me prononcer et vous êtes mieux placé que moi pour être renseigné à cet égard.

« Ce que je puis vous dire, c'est que c'est une erreur d'attribuer soit à une démarche faite directement auprès de l'empereur, à l'insu et contre le gré du prince de Bismarck, par M. de Münster, soit à un mouvement chevaleresque de l'empereur lui-même, l'heureuse issue de cet incident.

« Aucun ambassadeur, si haut placé fût-il dans les faveurs impériales, n'aurait pu se permettre la démarche prêtée à M. de Münster sans encourir le courroux de Bismarck, et l'empereur aurait été immédiatement appelé à opter entre sa disgrâce ou la démission du chancelier.

« Sans méconnaître les sentiments chevaleresques de Guillaume, jamais il ne serait allé jusqu'à ordonner l'élargissement de Schnæbelé, car Schnæbelé avait été arrêté en vertu d'une décision judiciaire de la Haute-Cour de Leipzig, commme impliqué dans un procès de haute trahison en instance devant cette cour, et le gouvernement voulait donner à ce procès un grand retentissement, pour établir les prétendues intrigues du ministère français contre la paix.

« C'était un de ces pas décisifs que Bismarck ne faisait jamais à la légère ; mais après lesquels il ne reculait pas, même dût-il déplaire momentanément à son maître.

« Songez qu'à ce moment il était soutenu par l'opinion publique allemande. Il n'y avait pas, dans tout l'empire, un buveur de bière qui ne fut convaincu que Boulanger voulait la guerre, qu'il la préparait activement, et qu'il valait mieux pour l'Allemagne brusquer encore une fois l'évènement ; que Münster envoyait à son gouvernement des rapports inquiétants sur les progrès de la Ligue des patriotes et de Déroulède ; qu'il proclamait, il est vrai, l'inébranlable attachement du Président Grévy à la paix, mais qu'il reconnaissait, en même temps, que sa faiblesse sénile à l'égard d'un gendre dont les agissements, encore mal connus du gros public, étaient déjà percés à jour dans les cercles parlementaires, lui ôtait le crédit et la présence d'esprit nécessaires pour dominer les événements.

« Ajoutez qu'Hohenlohe, sans incriminer aucunement la loyauté et la correction d'attitude parfaites de M. Goblet, se plaignait que la présence à la tête du cabinet français d'un homme d'État dont les tendances étaient si opposées à la politique germanophile de M. Ferry constituât pour le réveil de certains sentiments encore mal assoupis dans les pays annexés un dangereux stimulant.

« Demandez-vous alors s'il est vraisemblable, s'il est possible, que le gouvernement allemand, pris d'un remords subit, ait renoncé au bénéfice du guet-apens qu'il venait d'accomplir, par simple considération pour les arguments juridiques, d'une valeur douteuse, permettez-moi de le dire, ou plutôt d'une valeur nulle. Car Schnæbelé, dans sa prison de Metz, avait fait des aveux, aveux assez graves pour qu'à sa rentrée en France il ait été frappé de disgrâce par son gouvernement. Or, l'agent qui veut cumuler avec son rôle de parlementaire celui d'indicateur perd le bénéfice de l'immunité.

Non, c'est une légende que les partisans de l'Allemagne peuvent avoir intérêt à accréditer chez vous, mais que personne en Europe ne croira.

« Comment alors expliquer que Schnæbelé ait été remis en liberté ?

« D'une façon plus simple que ce qu'on a raconté.

Votre ministre des affaires étrangères s'était ancré dans les bonnes grâces d'Alexandre III par l'accueil fait aux délégués bulgares. Or, Alexandre III accordait difficilement sa confiance, mais il soutenait ses amis avec une obstination égale, sinon supérieure, à celle de Bismarck lui-même. Votre ministre lui fit demander par Mohrenheim s'il laisserait encore une fois attaquer la France. Alexandre III répondit immédiatement par l'organe de son ambassadeur : « Si c'est la France qui enfreint le traité de Francfort, la Russie restera neutre. Si c'est l'Allemagne, la France peut compter sur l'appui effectif de la Russie. »

« Fort de cette promesse, M. Flourens, après avoir fait valoir les différents arguments juridiques qui furent successivement repoussés par l'Allemagne, invoqua dans une dernière dépêche une clause du traité de Francfort autorisant les commissaires-frontière des deux pays à pénétrer sur le territoire de l'État voisin et à y opérer pour le rétablissement des bornes-frontière, et conclut : « Si l'Allemagne ne veut pas respecter le traité de Francfort, la France sait ce qui lui reste à faire. » En même temps, par l'intermédiaire du baron de Mohrenheim, il fit appel à la promesse d'Alexandre III.

« Il faut croire que cet appel fut entendu, car l'aiguille n'avait pas fait deux fois le tour du cadran que Schnæbelé était averti de sa mise en liberté.

APPENDICE E

La *République*, journal de M. Méline, a publié la note suivante que nous reproduisons par un scrupule d'impartialité mais que nous ne discuterons pas.

« On fait dire au regretté Président, à côté de choses exactes, des choses profondément inexactes, notamment celles-ci, qui dépasse toutes les autres : c'est que M. Méline en donnant sa démission, n'entendait faire qu'une fausse sortie et se ménager ensuite une rentrée triomphale au ministère... M. Méline a quitté le pouvoir pour des raisons profondes, tirées des dispositions d'esprit et de l'attitude prise, au début de la nouvelle législature, par certains membres de la majorité, et par la conviction où il était de ne pouvoir rallier toutes les forces de son parti dont il avait besoin pour gouverner ; en partant dans ces conditions, il n'avait aucune arrière-pensée de se faire rappeler. Personne, parmi ses collaborateurs, ne s'est mépris sur ses intentions, et M. le Président Faure moins que personne. »

APPENDICE F

La lettre suivante a été adressée au *Figaro* :

Paris, 12 août 1901.

A Saint-Simonin.

Je fais appel à la loyauté de Saint-Simonin. Il s'agit du fameux propos prêté à M. Constans : « J'assassine moi-même », en réponse à la proposition d'un « aventurier » de provoquer M. Rochefort en duel et de le tuer.

Ce propos n'a jamais été tenu : il ne pouvait pas l'être par l'excellente raison que rien ne l'avait provoqué. Jamais la proposition ne fût faite et n'eût à être repoussée.

J'ai dédaigné de répondre lorsque, en 1891, le légende prit naissance dans les colonnes de la *Vie parisienne*. J'aurais persisté dans mon silence, si, en s'appropriant le propos, le président Faure ne lui avait donné un cachet d'authenticité. *Je ne tiens à aucune rectification actuelle.*

Mais je sais qu'il me suffira d'un appel à la courtoise loyauté de l'auteur des *Propos du Président Faure* pour que cette rectification soit faite si jamais ses articles sont réunis en volume.

Camille Dreyfus,

ancien député, explorateur.

Complétant le récit fait par M. Félix Faure de la provocation en duel qu'un « haut magistrat » voulait adresser à son frère, le *Siècle* écrit :

« Ce nom, que Saint-Simonin ignore ou feint d'ignorer, nous l'avons trouvé dans le *Siècle* du 15 janvier 1899, où l'on peut lire ce qui suit :

« M. le général Billot, ancien ministre de la Guerre, a refusé, l'autre matin, de répondre à un rédacteur du *Temps* qui, à propos d'une information publiée par le journal le *Matin*, lui avait posé cette simple question :

« Quand vous êtes allé déposer devant la Cour de cassation, n'étiez-vous pas indisposé, n'étiez-vous pas enrhumé, et ne vous a-t-on pas fait servir un grog au rhum? »

« M. le général Billot était autrefois bien moins discret. Les couloirs du Sénat gardent encore le souvenir de nombre de ses bavardages, par exemple de cette anecdote qu'il colporta chez ses collègues, il y a sept ou huit ans environ.

« Ce jour-là, le général Billot racontait que M. Quesnay de Beaurepaire, qui n'était alors que procureur général, croyait avoir à se plaindre de son frère, ancien officier et ancien professeur à l'Ecole polytechnique. M. Quesnay de Beaurepaire était venu trouver le général Billot en lui annonçant son intention bien arrêtée de se couper la gorge avec son frère ; il voulait un duel à mort, hors frontières, après constitution d'un jury d'honneur.

« M. le général Billot ajoutait qu'il avait eu beaucoup de peine à empêcher ce haut magistrat de donner suite à son projet fratricide.

« Et sautillant, pirouettant, laissant stupéfaits les collègues à qui il venait de raconter cette histoire, le général Billot s'en alla en disant pour conclure : « Il est fou ! Il est fou ! »

APPENDICE H

M. Ranc commentant le chapitre où il est question de madame la duchesse d'Uzès a écrit dans la *Dépêche de Toulouse*, l'article suivant :

« Peut-être, l'ami de M. Félix Faure, n'a-t-il pas reçu des confidences complètes ? S'il avait été tout à fait renseigné, il aurait pu narrer que M. Félix Faure tenait tant à être agréable à la noblesse, et à madame la duchesse d'Uzès, que, quelque temps après l'inauguration du monument d'Émile Augier, dans la Drôme, il travailla à bombarder député le jeune duc d'Uzès. Le préfet du Gard fut mandé à l'Élysée à l'insu du ministre de l'intérieur, et chargé de travailler la matière électorale au profit du rejeton de la duchesse. Mais le préfet se rendit bientôt compte que la matière électorale serait réfractaire, et on dut renoncer à l'opération.

« Félix Faure en fut vivement contrarié, car il croyait devoir une compensation à la duchesse qui, malgré les prévenances et les gracieusetés du Président de la République, n'était pas contente du tout. Elle en avait gros sur le cœur en revenant de l'inauguration de son monument à Valence.

« Après la cérémonie, le soir, au banquet, elle n'avait pas dissimulé sa mauvaise humeur, son dépit. Elle avait eu, en effet, dans la journée, un gros déboire. Elle comptait être décorée. Le Président de la République, parlant à sa personne, le lui avait promis. Il devait bien cela à la noblesse, et à la grande dame artiste. Malheureusement pour elle, la chose avait transpiré et les républicains de la Drôme s'en étaient émus.

« Il leur parut fort que le gouvernement de la République honorât ainsi celle qui avait fourni le nerf de la guerre au syndicat orléano-boulangeard. Ce scandale aurait été donné, cette injure aurait été faite aux républicains, au moment où ils rendaient témoignage à la mémoire du proscrit Bancel !

« Car il y avait à Valence, ce jour-là, une double inauguration, celle du monument d'Émile Augier et celle de la statue élevée à Bancel, le puissant orateur que le coup d'État avait chassé de la tribune.

« Ce fut M. Loubet, président du Sénat et président du Conseil général de la Drôme, qui se chargea de porter à M. Félix Faure les représentations des républicains de la Drôme. Il lui dit leur surprise et leur indignation. La scène, paraît-il, fut vive. M. Félix Faure tenait bon pour sa décoration, il voulait étoiler de la Légion d'honneur le corsage de la duchesse.

« Alors, M. Loubet lui signifia que s'il persistait, que s'il passait outre, ni lui, président du Sénat et président du Conseil général, ni les conseillers généraux, ni les sénateurs et députés républicains n'assisteraient à la cérémonie.

« M. Félix Faure dut céder : il déchira le décret déjà signé. Et voici pourquoi, quelque temps après, il exhalait dans le sein de son ami son mécontentement contre les républicains sectaires qui ne professaient pas les mêmes sentiments que lui pour la noblesse en général, et pour la duchesse d'Uzès en particulier. »

APPENDICE I

Extrait de la *Libre Parole* du 17 septembre 1901 :

FÉLIX FAURE ET LA FRANC-MAÇONNERIE

« Les *Propos* de Félix Faure continuent à être intéressants, car l'homme s'y peint tout entier avec une certaine ingénuité vaniteuse qui a son charme, comme tout ce qui est sincère...

« On retrouve là le personnage tel qu'il fut, un heureux, un de ceux qui, selon l'expression populaire, « naissent avec une cuillère d'argent dans la bouche » et auxquels tout réussit sans grand effort, un de ces êtres qui ont un dosage si parfait de qualités médiocres, que l'ensemble donne un total presque satisfaisant.

« Les gens qui pensent ont été stupéfaits de voir un chef d'État, un homme mêlé, par la force des choses, aux plus importantes questions de son temps, déclarer imperturbablement que la puissance de la Franc-Maçonnerie était une légende et qu'elle n'avait aucune influence sur le gouvernement.

« Ceux mêmes qui ne sont point animés d'une hostilité violente contre la Franc-Maçonnerie ont dû éprouver un certain ahurissement.

« L'action maçonnique, en effet, apparaît à chaque page de l'histoire de ce siècle. Ce sont les Ventes et les réunions de Carbonari qui ont fait l'unité italienne. Tous les mémoires, tous les témoignages d'hommes politiques sont unanimes sur ce point que les Italiens eux-mêmes ne contestent pas.

« C'est la Franc-Maçonnerie qui nous gouverne ostensiblement depuis vingt ans. Avant d'être proposées au Parlement français, toutes les lois ont été « mises sous le maillet », discutées et arrêtées dans les Loges. Les comptes rendus de *convents* sont là pour démontrer cette évidence.

« Félix Faure était-il donc de mauvaise foi quand il parlait de la Franc-Maçonnerie? Je ne le crois pas. En ceci encore, il est intéressant. Maçon lui-même, il personnifie exactement le Maçon brave homme qui s'est fait affilier en pensant que la Maçonnerie serait utile et qui n'a rien vu, qui n'a rien compris et qui n'a jamais demandé à comprendre.

« Félix Faure était le type idéal de cette catégorie de Maçons, car de tous les hommes de ce temps il est certainement celui dont l'esprit a été le moins tourmenté par la curiosité. Il était de ceux qui éprouvent tant de plaisir à se regarder eux-mêmes qu'ils ne songent jamais à regarder ce qui se passe autour d'eux en dehors de ce qui peut toucher à leurs intérêts immédiats.

« Dans ces conditions, on s'explique que Félix Faure n'ait rien compris à la Franc-Maçonnerie.

« La Maçonnerie, telle du moins que la conçoivent ceux qui dirigent tout du fond des arrière-Loges, ne représente pas un parti avide et famélique désireux avant tout de s'emparer du pouvoir pour les avantages qu'il procure, attentif, comme le parti des socialistes-Lucullus de Millerand, à ne pas laisser passer l'heure de jouir.

« En dehors de personnages qu'on ne connaîtra jamais, il y a là dedans des hommes qui ont une autorité considérable dans les Loges et qui sont très peu connus, qui n'ont jamais cherché à profiter de leur situation pour obtenir des places lucratives ou des sièges de sénateurs ou de députés. La satisfaction d'être puissants dans l'ombre, la joie d'avoir fait du mal à leur pays suffit amplement à ces êtres dont le cerveau, incontestablement, est constitué d'une manière particulière.

« La Franc-Maçonnerie serait plutôt une sorte de contre-Eglise, ayant, comme toutes les Eglises, le sens de la durée, la suite dans les desseins, la prudence dans les actes, la connaissance exacte de l'état des esprits, l'art de ne s'avancer qu'avec mesure et précaution.

« Comme toutes les Eglises, la Maçonnerie est toujours avec le Gouvernement. Elle se déclare républicaine aujourd'hui, parce qu'elle a confisqué la République à son profit, mais elle a été impérialiste avec l'Empire et royaliste avec la Royauté. Au dix-huitième siècle, elle s'est recrutée, tout d'abord, dans l'aristocratie et, au commencement de ce siècle, dans la bourgeoisie censitaire ; elle avait, il y a quelques années encore, des grands maîtres comme le maréchal Magnan et le prince Murat.

« Elle est destructive de tout ordre social, mais, en fait, elle n'est pas révolutionnaire dans le sens insurrectionnel et violent du mot. Il serait exagéré de dire qu'elle pourrait prendre la devise que l'on a attribuée à une célèbre Compagnie : *Suaviter et fortiter*, mais, malgré son implacabilité obstinée, elle n'en a pas moins une certaine diplomatie tenace dans la force.

« Pour démontrer que la Maçonnerie n'est pas la maîtresse absolue au Parlement, Félix Faure tenait un raisonnement enfantin et qui témoigne une fois de plus que le cerveau de cet homme aimable était assez faiblement constitué.

« Presque tous les députés et les sénateurs de la majorité, disait-il, sont Francs-Maçons. Or, quel est le Franc-Maçon parfait, l'image accomplie du Franc-Maçon sectaire ? C'est Brisson. Dans ces conditions, le Congrès de Versailles aurait dû élire Brisson au lieu de me choisir, moi qui ne suis qu'un Franc-Maçon assez tiède, un Franc-Maçon pour rire. »

« Il n'est pas possible de prouver d'une façon plus démonstrative que la Franc-Maçonnerie n'est pas une coterie exclusivement préoccupée de pousser les siens, mais une institution politique solide, dirigée par des hommes qui savent ce qu'ils veulent et qui n'ignorent ni le fort ni le faible de ceux qu'ils emploient.

« L'arrivée de Brisson à la Présidence de la République, après la démission de Casimir-Perier, aurait été un désastre pour la Maçonnerie. Il fallait une individualité de transition. Il a suffi d'un mot d'ordre des Pouvoirs occultes qui mènent la France aujourd'hui pour que Félix Faure, que personne ne connaissait dans le pays, qui n'avait à la Chambre même qu'une notoriété fort restreinte, se réveillât Président de la République, bien convaincu, d'ailleurs, qu'il devait cette haute situation à son seul mérite.

« C'est parce que Félix Faure était alors « l'homme qu'il fallait » qu'il a été choisi, et c'est parce qu'il menaçait de devenir « l'homme qu'il ne fallait plus » qu'il a disparu dans un drame qui n'a jamais été expliqué.

FIN DU PREMIER VOLUME
DES « MÉMOIRES ANECDOTIQUES »

TABLE DES MATIÈRES

Introduction.	1
Le rôle du Président.	43
Fashoda.	61
La revision de la Constitution.	77
L'affaire Schnœbelé.	95
Quelques ministres.	113
M. Quesnay de Beaurepaire.	129
Le voyage en Russie	145
La noblesse et les ralliés.	163
Les journaux. — Les juifs	181
Les Allemands et les Anglais	199
Appendices.	217

ÉMILE COLIN — IMPRIMERIE DE LAGNY

www.ingramcontent.com/pod-product-compliance
Lightning Source LLC
Chambersburg PA
CBHW060609170426
43201CB00009B/960